Antonio Mira de Amescua

La rueda de la fortuna

Edición de Vern Williamsen

Barcelona **2024**
Linkgua-ediciones.com

Créditos

Título original: La rueda de la fortuna.

© 2024, Red ediciones S.L.

e-mail: info@linkgua.com

Diseño de cubierta: Michel Mallard.

ISBN rústica: 978-84-9816-100-7.
ISBN ebook: 978-84-9897-577-2.

Cualquier forma de reproducción, distribución, comunicación pública o transformación de esta obra solo puede ser realizada con la autorización de sus titulares, salvo excepción prevista por la ley. Diríjase a CEDRO (Centro Español de Derechos Reprográficos, www.cedro.org) si necesita fotocopiar, escanear o hacer copias digitales de algún fragmento de esta obra.

Sumario

Créditos _____ 4

Brevísima presentación _____ 7
   La vida _____ 7
   La trama _____ 7

Personajes _____ 8

Loa famosa _____ 9

Jornada primera _____ 17

Jornada segunda _____ 59

Jornada tercera _____ 105

Libros a la carta _____ 155

Brevísima presentación

La vida

Antonio Mira de Amescua (Guadix, Granada, c. 1574-1644). España.
De familia noble, estudió teología en Guadix y Granada, mezclando su sacerdocio con su dedicación a la literatura. Estuvo en Nápoles al servicio del conde de Lemos y luego vivió en Madrid, donde participó en justas poéticas y fiestas cortesanas.

La trama

La rueda de la fortuna relata la historia del monarca bizantino Mauricio quien en el siglo VI se enfrentó al Imperio Persa y apoyó al joven Cosroes II —nieto del gran Cosroes— para que éste ocupase el trono persa y firmasen un tratado de paz que pusiese término a un conflicto que duró más de veinte años.
Tras el tratado, Mauricio conservó extensos de territorios en Occidente. Sin embargo, en los Balcanes la situación no fue favorable a sus intereses y ello precipitó su caída y la entronización de Focas.
La historia que aquí se cuenta tiene estos hechos como trasfondo, Mira de Amescua mezcla sucesos políticos y sentimentales en una trama en que la atracción erótica y el rechazo entre persas y bizantinos llega hasta lugares insospechados.

Personajes

Cósroes, caballero
Dos capitanes
El emperador Mauricio
Filipo, capitán general
Focas, villano robusto
Gente de la milicia y acompañamiento
Heracliano, viejo
Heraclio
La emperatriz Aureliana
Leoncio, capitán general
Mitilene, dama
Músicos
Teodolinda, infanta
Teodosio, príncipe
Un limosnero

Loa famosa

Hala de echar mujer en hábito de labradora

        Perdióse en un monte un Rey
andando a caza una tarde
con lo mejor de su gente:
duques, príncipes y grandes.
El Sol hasta mediodía
abrasó con rayos tales
que el mundo a Faetón, su hijo,
temió, otra vez arrogante.
Pero revolviendo el tiempo
y levantándose el aire
se cubrió el cielo de nieblas
y amenazó tempestades.
Huyó a la choza el pastor,
y a la venta el caminante
y amainaron los pilotos
todo el lienzo de las naves.
Díjole al Rey un montero
que al pie de aquellos pinares
estaba una casería
en tal ocasión bastante.
Bajaron por unas peñas
entre mirtos y arrayanes,
guiándoles el rumor
que remolinaba el aire.
Vieron que en un manso arroyo
se bañaban los umbrales
de un mal labrado cortijo
con olmos delante.
Apeóse el Rey, y entrando,
primero que se sentase,

quiso ver el dueño y huéspeda
y como en su casa honrarle.
Supo el labrador apenas
que las personas reales
ocupaban su aposento,
cuando en hielo se deshace.
Entró su pobre familia
a decirle que no aguarde,
pues le quiere ver el Rey,
a que al mismo Rey le hable.
Tiembla el labrador de nuevo,
mira el sayo miserable,
las abarcas y las pieles,
y de vergüenza no sale.
El pobre cortijo mira
como vigüela sin trastes,
hecho de pajas el techo
sobre unos viejos pillares.
Llamó a su mujer, y dice:
«Mujer, a huéspedes tales,
si no es el alma, no tengo
casa ni mesa que darles.
Salid y decidle al Rey
que no es mucho me acobarde
ver su persona real
en mis pajizos portales,
que coma en la voluntad,
que es mesa que a Dios aplace,
y duerma en el buen deseo,
que no tengo más que darle;
que vos, como sois mujer,
pues no hay cosa que no alcancen,
hallaréis gracia en sus ojos,
y al fin podréis disculparme.»

Dicen que entró la mujer
muy temerosa a hablarle
por la obligación que tienen
de cuanto el marido mande,
y el Rey, muy agradecido
a su vergüenza notable,
cenó y durmió más contento
que entre holandas y cambrayes.
Yo pienso, senado ilustre,
que es esto muy semejante
de lo que hoy pasa a Riquelme
con este humilde hospedaje.
En cada cual miro un Rey,
un César, un Alejandre;
su pobre familia mira,
que es la que a serviros trae.
Si no salió el labrador
teniendo a su Rey delante,
quien ve tantos, ¿qué ha de hacer
sino lo que veis que hace?
Mandóme, como mujer,
que saliese a disculparle;
fue la obediencia forzosa,
aunque rústico el lenguaje.
No os ofrece grandes salas,
llenas de pinturas graves,
de celebradas comedias
por autores arrogantes.
No os ofrece ricas mesas
llenas de gusto y donaire,
sino voluntad humilde,
que es la que con reyes vale.
Perdonad al labrador,
pues hoy en su casa entrasteis,

porque me agradezca a mí
las mercedes que hoy alcance.
Oíd la pobre familia;
ya los labradores salen,
mientras que vuelvo a la corte,
bésoos los pies, Dios os guarde.

Baile curioso y grave   Cuando desde Aragón vino la Infanta
a casar con don Juan, Rey de Castilla,
las fiestas que se hicieron en Sevilla
no las olvida el tiempo y hoy las canta.

    Después que los castellanos
hicieron muestra gallarda
con máscaras y sortijas,
toros y juegos de cañas,
mantener quiso un torneo
en servicio de su dama
un gallardo aragonés
de los Pardos de la casta.
Airoso terció la pica,
furioso juega la lanza,
dando con destreza y brío
los cinco golpes de la espada.
Con la gloria de aquel día
ganó de su gloria el alma,
la cual, venida la noche,
le admite dentro de su casa.
Con amorosas razones
consiguen sus esperanzas,
y ella, alabándole, dice,
al despedirlos el alba:

    «Mirad por mi fama,
caballero aragonés.»

«Por tus amores, señora,
cuanto me mandes haré.»
«Mas, ¿cómo la ha de guardar
quien a sí guardar no pudo?»
«Con solo saber callar.»
«Que la guardéis no lo dudo.»
«Seré como piedra mudo
y eterna fe guardaré;
por tus amores, señora,
cuanto me mandes haré.»

En un corillo otro día
sin nombrar partes, se alaba,
y un adivino celoso
dio cuenta de ello a su dama.
Sus blancas manos torcía,
sus delgadas tocas rasga,
y llamando a su presencia
con este desdén le trata:

«Alabásteisos, caballero,
gentil hombre aragonés.
No os alabaréis otra vez.
Alabásteisos en Sevilla
que teníades linda amiga.
Gentil hombre aragonés,
no os alabaréis otra vez.»

Sin admitirle disculpa
que se ausente de ella manda,
y él jura de no volver
hasta volver en su gracia.
El tiempo gastó la ira;
mas, como el amor no gasta,

la dama llora su ausente,
el retrato que miraba,
y la dama le demanda:

«Y mi bien, ¿cuándo vendréis?»
Y finge que le responde:
«Lindo amor, no me aguardéis,
que si de mi partida
fue causa un disfavor,
si no cesa el rigor,
yo no volveré en mi vida.»
«Yo quedo arrepentida
y mi bien, ¿cuándo vendréis?»
Y finge que le responde:
«Lindo amor, no me aguardéis.»

En hábito de romero
un pajecillo despacha
para que dé en Zaragoza
al caballero una carta.
Cuando llegó el pajecillo
al salir de la posada
encontróle el caballero.
De esta manera le habla:

«Romerico, tú que vienes
donde mi señora está,
di, ¿qué nuevas hay allá?»
«Estáse la gentil dama
a sombras de una alameda
dando suspiros al aire,
y a su fortuna mil quejas.
Diome que os diese esta carta
de su mano y de su letra,

que al escribirla, sus ojos
llenan el papel de perlas.
Y díjome de palabra
que a Sevilla deis la vuelta,
adonde seréis su esposo
en haz y en paz de la Iglesia.»

Con el amor y el deseo
como con ligeras alas,
vuelve al galán a Sevilla,
y así le dice a su dama:

«A ser vuestro vengo,
querida esposa.»
«Dulce esposo mío,
vení en buena hora.»
«Tras fieros desdenes,
que la vida acortan
y al amor pudieran
negar la victoria,
a ser vuestro vengo,
querida esposa.»
«Dulce esposo mío,
vení en buena hora.»

Jornada primera

(Salen en orden los que pudieren, con algunos despojos y banderas y a la postre Filipo.)

Filipo   Invicto César famoso,
              cuya mano poderosa
              temen la blanca Alemania
              y la abrasada Etiopia;
              tú, que en los hombros sustentas
              el África, Asia Europa,
              volando tu nombre eterno
              en las águilas de Roma;
              tú, que ceñiste la frente
              con esa inmortal corona,
              al polo del otro mundo
              quieres llegar con tus obras;
              ya que del ártico helado
              hasta la tórrida zona
              pagan tributo a tu imperio,
              sal a ver nuestras victorias.
              Triunfando, señor, venimos
              a la gran Constantinopla
              de los fieros esclavonios
              que de Misia huyendo tornan.
              Restaurado queda el reino;
              tus empresas prodigiosas
              que son espanto del mundo
              piden guirnaldas de gloria.
              Sube a los muros soberbios
              que de estrellas se coronan
              porque sus altas almenas
              la triforme Luna tocan.
              Verás tu ejército ufano

con la gente victoriosa,
que con bárbaros despojos
los gallardos brazos honran.
Verás la región del aire
que la entapizan y adornan
las enemigas banderas
que tus soldados tremolan.
Verás que en cadenas de oro
cuatro mil cautivos lloran
la pérdida desdichada
de su libertad preciosa.
Treinta mil hombres me diste;
treinta y tres mil traigo agora,
que a precio de mil cristianos
solo he comprado esta pompa.
Veinte mil dejo sin almas
y otros con vida tan poca
que está esperando la muerte
a solo que abran las bocas.
Ya la fama bachillera
tocó en el aire la trompa;
va publicando en el mundo
esta jornada famosa.
Temblando están de tu imperio
los Alpes, Nervia, Borgoña,
Galia, Germania, Bretaña,
la Trapobana y Moscovia,
la fiera invencible Escitia,
la Tartaria belicosa,
la inculta y áspera Armenia,
la celebrada Panonia.
Ya de todas las naciones
más bárbaras y remotas,
tributo te ofrecen unas

y treguas te piden otras.
Los indios vienen con oro,
los samios vienen con rosas,
los tirios con carmesí,
los alarbes con aromas,
los escitas con algodones,
los egipcios con aljófar,
los corintios con sus vasos,
los fenicios con sus conchas.
Cada nación en tributo
te da las riquezas propias,
porque las crezca el valor
en tu mano poderosa.
Todos repiten tu nombre,
todos tu fama pregonan,
con más lenguas que tenía
la confusa Babilonia.
Sírvete de ver la entrada
de tu gente victoriosa,
porque los ojos del Rey
con solo mirar dan honra.
Remunera con palabras
sus hazañas victoriosas,
que aun en boca de los reyes
son necesarias lisonjas.
Mostrándote agradecido,
podrá una palabra sola
más que el tesoro guardado
en tus doradas alcobas.
Descubre en público el rostro
que a las gentes aficiona,
porque será ver tu cara
el triunfo de mi victoria.
No me premian majestades

                    ni plata me galardona;
                    solo quiero la presencia
                    que tantos reyes adoran.
                    Solamente con tocar
                    la púrpura de tu bola
                    dejaré de todo punto
                    a mi fortuna envidiosa.
                    Mi inclinación es servirte,
                    premios no me correspondan,
                    porque la virtud se mueve
                    con el precio de sí sola.
                    Deja besarte los pies
                    y tus sumilleres corran
                    esa cortina, que cubre
                    tu majestad grandiosa.

(Corren una cortina, y está en un tribunal, en la grada alta, el Emperador Mauricio, y en otra baja el Príncipe Teodosio, su hijo y la Infanta Teodolinda, su hija, y dos criados en pie bajo las gradas.)

Mauricio   Hoy, capitán vencedor,
                   corona en tus sienes vea.
                   El Sol dé su resplandor.
                   Tu misma victoria sea
                   el premio de tu valor.
                       Hacerte inmortal procuro,
                   y harán tu nombre seguro
                   desde el Betis al Hidaspes
                   columnas de varios jaspes
                   y estatuas de bronce duro.
                       Todas tus empresas ricas
                   pondré en aceradas planchas
                   pues que mi fama publicas,
                   mi temido imperio ensanchas,

	mis tesoros multiplicas.
	Si a los bárbaros enojas,
	y tu espada en sangre mojas,
	un laurel he de ponerte
	que ni el tiempo ni la muerte
	pueden marchitar sus hojas.

Filipo   Solo, señor, me aficiona
besar tus pies; que ellos solos
enriquecen mi persona.

(Llega a besar el pie al Emperador.)

Mauricio   Cuanto abarcan los dos polos
te diera, con mi corona.

Teodolinda (Aparte.)   (Capitán gallardo y bravo,
bien verá cuando te alabo,
que en amarle me anticipo.)

Teodosio   Es muy gallardo Filipo.

Teodolinda   Es gran varón.

Filipo   Soy tu esclavo.

Teodolinda   Por tan dichosa venida
en albricias vuelvo a darte
de mi alma y de mi vida
aquella pequeña parte
que me quedó a la partida.

(Tocan cajas destempladas y trompa ronca, y arrastrando un, estandarte, salen en orden Leoncio, detrás, de luto, armado, y lleva en la cabeza una corona de ciprés y un bastón quebrado, y Mitilene, de cautiva.)

Leoncio
    Ronca la trompa bastarda,
    destemplado el atambor,
    y vestido el cuerpo de luto,
    y de ánimo el corazón;
    arrastrando el estandarte,
    que ufano en algo se vio,
    con sola aquesta cautiva,
    aunque de extraño valor,
    el pecho lleno de heridas,
    porque nunca atrás volvió,
    coronado de ciprés,
    hecho piezas el bastón;
    si son ceremonias tristes
    (¡Oh famoso Emperador!)
    usadas de el que es vencido,
    ya verás cual vengo yo.
    Nunca tu ejército viera
    el levantado pendón
    de los persas victoriosos
    tan a costa de mi honor.
    Nunca yo volviera vivo,
    (¡Pluguiera al eterno Dios
    que entre mi sangre vertida
    diera el alma a su creador!)
    pero quiso mi desdicha
    librarme en esta ocasión
    de la pena de la muerte
    para dármela mayor.
    Nunca logró sus deseos
    quien desdichado nació,

que aun la muerte le aborrece,
si el vivir le da dolor.
Uno sintiera muriendo
y viviendo siento dos:
la pérdida de tu gente
y de mi noble opinión.
Mi vida solo llorara;
mas, ¡ay!, que llorando estoy
un ejército de vida
que el fiero persa quitó.
Llegué un desdichado día
cuando está el dorado Sol
entre los cuernos del toro
cobrando fuerza y calor.
Mil prodigios, mil agüeros
nos causaron confusión;
en un funesto ciprés
la corneja nos cantó;
tembló la preñada tierra
de lástima o de temor;
los montes se estremecieron,
sonó en el aire una voz;
mostróse el Sol encendido
en un encarnado arrebol,
sudaron las naves sangre,
y llovieron el sudor.
Antes de dar la batalla
cuyo fin contando voy,
infinitos buitres vimos
cortar el aire veloz;
acobardóse la gente,
porque la imaginación
puede más que la verdad,
cuando tiene aprehensión.

Animéla dando voces,
pero no me aprovechó,
y no hay fuerza en las razones
que dé al cobarde valor.
Y aunque puede al desmayado
animar la exhortación,
y el ejemplo puede tanto
que a veces es vencedor,
si el temor es general,
tímida la inclinación,
la fortuna adversa cierta
y el enemigo mayor,
no animarán las palabras;
que en guerras jamás suplió
faltas de fuertes Aquiles
un Ulises orador.
Acometimos primero
porque esta aceleración
es parte de la victoria
si hay igual competidor.
El nuestro fue desigual,
en número nos venció;
cien mil personas juntaron
de su bárbara nación.
A los principios fue nuestra
la victoria; mas, señor,
la Fortuna siempre tiene
mudable la condición;
vueltas de ruedas veloces,
humo negro, tierna flor,
blanca sombra, débil caña,
cosas inconstantes son.
No hay cosa firme y estable;
los que cuerpo vivo es hoy

mañana es cadáver frío;
toda va en declinación.
La melancólica noche,
triste para mí, cubrió
los horizontes del mundo
con su negro pabellón;
no descubrió el Sol hermoso
su lucido aparador
de estrellas, porque entre nubes
la alegre luz se escondió.
Cósroes, primer jefe persa,
que desde el fuerte español
hasta el antípoda oculto
eterna fama ganó,
sobrevino de repente,
y vimos más confusión
en el ejército nuestro
que en la torre de Nembrot.
Derramada y fugitiva,
nuestra gente el alma dio,
de pena y de rabia, al punto
que pronunció esta razón;
digo al fin que, desmayada
nuestra gente del rumor
[de las voces y los gritos]
que hicieron, nuevo son,
en tropel desordenado
nuestro ejército huyó,
cogiendo los enemigos
de copete a la Ocasión.
¡Ay, pérdida desdichada!
¡Ay, cielo santo! ¡Ay, rigor
de la mudable Fortuna
y de la Parca feroz!

Infinitas muertes dieron
sin engaño ni traición;
que yo alabo al enemigo
porque envidio su valor.
Entre los persas andaba
como un antiguo Sansón,
y como soy desdichado,
nadie a matarme acertó.
Hasta la tienda real
pude entrar; que el escuadrón
de guarda, con la victoria
segura, se descuidó.
En ella estaba esta dama,
que a la lumbre de un farol
se ligaba dos heridas
que en pecho y brazo sacó.
Llegué a asirla, defendióse,
y aunque más se defendió,
Anquises fue de estos hombros,
Medea de este Jasón;
por causar algún enojo
al Príncipe vencedor
la he cautivado y traído
con no pequeña aflicción.
Vencido vengo del persa
pero de mí mismo no,
pues no he llegado a su mano
aunque le tenga afición.
Esta es la trágica historia;
no tengo la culpa yo.
Sucesos son de la guerra;
mátame o dame perdón.

Mauricio (Aparte.)   (¿Cómo es posible que he oído

razones de hombre que viene
infamemente vencido?
¡Qué poca vergüenza tiene
el que cobarde ha nacido!)
 ¿Vivo delante de mí
has atrevido a ponerte?
Cobarde, bárbaro, di,
¿para todos hubo muerte,
y la faltó para ti?
 ¿Cómo la muerte inconstante
en mi ejército arrogante,
habiéndote de encontrar,
a ti en el primer lugar,
te dejó y pasó adelante?
 Sentimiento natural,
cuando de otro está vencido,
tiene cualquier animal;
mas tú, que no lo has tenido,
no eres hombre natural.
 Justo de hoy más ha de ser
que a tu honrado proceder
Parca de la patria nombres,
pues que truecas cien mil hombres
por una flaca mujer.
 La deshonra y vituperio
tu corazón idolatra;
basta que en nuestro hemisferio
ha nacido otra Cleopatra
para asolar el imperio.
 No es razón que así esté armado
un capitán que ha huido
ni ese pecho afeminado
de acero esté guarnecido,
pues de miedo está aforrado.

　　　　　　　　　　Del lado le sea quitada
　　　　　　　　　　la espada, siempre envainada;
　　　　　　　　　　que hombre por mujeres trueca
　　　　　　　　　　hile ya con una rueca
　　　　　　　　　　pues no riñe con espada.

(Vanle desarmando, como va diciendo.)

　　　　　　　　　　　Atarle también conviene
　　　　　　　　　　las manos, porque sagaz
　　　　　　　　　　huyendo del persa viene;
　　　　　　　　　　no tenga mano en la paz
　　　　　　　　　　si en la guerra no la tiene.
　　　　　　　　　　　Y ya que en él está mal
　　　　　　　　　　ser capitán general,
　　　　　　　　　　tú, Filipo, lo has de ser.

Teodolinda　　　　　Muy bien sabrá defender
　　　　　　　　　　tu corona imperial.

Teodosio　　　　　　El soldado victorioso
　　　　　　　　　　que a su Rey hace famoso,
　　　　　　　　　　es razón que premio aguarde;
　　　　　　　　　　que el castigo del cobarde
　　　　　　　　　　le hace más animoso.

Filipo　　　　　　　Poderoso Emperador,
　　　　　　　　　　casos de Fortuna han sido;
　　　　　　　　　　y así no ha de estar, señor,
　　　　　　　　　　desconfiado el vencido
　　　　　　　　　　ni seguro el vencedor.
　　　　　　　　　　　No hay en el mundo igualdad
　　　　　　　　　　ni estado en seguridad;
　　　　　　　　　　espera quien desconfía

que a la noche sigue el día,
bonanza a la tempestad.
 Los estados son violentos;
y así, con estas memorias
los humano pensamientos
esperan grandes victorias
tras de grandes vencimientos.
 Tal afrenta no le des,
que según el mundo es
inconstante, adversa y vario,
hoy le venció su contrario
para que él venza después.

Leoncio   Gran César, en quien confío,
antes que mi afrenta mandes,
considera el caso mío.
En los ejércitos grandes
de Jerjes y de Darío
 los sucesos semejantes
de tu memoria no borres;
verás soberbios gigantes
con máquinas y con torres
en espaldas de elefantes;
 alcázares torreados,
chapiteles levantados,
que, perdiéndose de vista,
sus pirámides conquista
los rayos del Sol dorados.
 Escuadras podrás hallar
que, cubriendo el ancho suelo,
se pudieran comparar
a las estrellas del cielo
o a las arenas del mar;
 y estando en pompa dichosa,

                las derriba y pone en tierra,
                o la Fortuna envidiosa,
                ve el suceso de la guerra,
                trágica, triste y dudosa.

Mauricio   No a la Fortuna atribuyas
                las que son flaquezas tuyas

Leoncio   ¿Por qué, señor, tanta infamia?

Mauricio   [Aún si fueras Hipodamia,]
                porque mueras y no huyas.

(Atanle las manos atrás y pónenle una rueca.)

                Vayan las cajas delante
                y esté así en la plaza un día
                para que el vulgo inconstante
                destierra su cobardía
                con castigo semejante.

Leoncio   Cielos, cuyo amparo sigo,
                sed testigos y jueces
                de la afrenta que ha tenido
                el que vencía tantas veces
                por una vez que es vencido.

(Comienzan a mirar con cuidado a Mitilene el Emperador Mauricio, Teodosio, Príncipe, y Filipo.)

                Bien es que venganza os pida
                cielos, un alma ofendida;
                Atropos tengo de ser,
                que es hilar y torcer

el estambre de mi vida.
   Plega a Dios que revelada
esté la tierra en que Reinas,
y los filos de tu espada
la blanca nieve que peinas
en sangre dejen bañada.
   Hoy se acaban tus sucesos,
castigados tus excesos,
aunque el mundo forme aprisa
los túmulos de Artemisa
para sepultar tus huesos.
   ¡Ay, famosa Mitilene!,
no te estima como yo
el que en tan poco le tiene
al hombre que te venció.

(Vanse los que pudieren, en orden y con el estandarte arrastrando; llevan a Leoncio, tocando cajas.)

Mitilene (Aparte.)   (Volver por mí me conviene.)
   No es ley ni bien que deshonres
lo que honrado debe ser;
Vencedor es, no te asombres,
porque hay en Persia mujer
de más valor que mil hombres.
   Y yo, que a este agravio salgo,
más que mil persianas valgo,
pues si traes mil veces mil
por un ejército vil
mira tú si ganas algo.
   Y el Príncipe que ha vencido
tu ejército acobardado,
tanto el vencer ha sentido
que diera lo que ha ganado

       por solo lo que ha perdido.
    Y aun te diera la corona
porque estima mi persona;
que también el arco flecho
aunque no he cortado el pecho
como bárbara amazona.
    Tu capitán es valiente,
atrevido con valor,
y reportado prudente;
que ésta es la virtud mayor
para quien gobierna gente.
    Si vencedor no escapó,
la Fortuna lo ordenó,
dudosa, adversa y esquiva.

Mauricio   Agora digo, cautiva,
que mi capitán venció.

Mitilene   El que victoria ha tenido
salga a probar mi valor;
y así verás cómo ha sido
más fuerte que el vencedor
el mismo que me ha vencido.

Mauricio (Aparte.)   (Su hermosura es celestial,
mi apetito natural,
y en cosas de inclinación
tiene fuerza la Ocasión.)
Salte afuera, General.

Teodosio (Aparte.)   (O le ha cobrado afición,
o con celosos enojos
quiere doblar mi pasión.
Dándole está por los ojos

                a beber el corazón.)
                Filipo, el Emperador
                manda que salgas.

Filipo (Aparte.)   (Amor,
                ¿qué veneno me estás dando?)

Teodosio   ¿No has oído lo que mando?

Filipo   ¿Qué me mandas?

Teodolinda (Aparte.)   (¡Ah, traidor!
                ¿Divertido en mi presencia
                contemplando otra mujer?

Filipo (Aparte.)   (¡Ay, Amor! ¿Con qué violencia
                muestras en mí tu poder?)

Teodosio   Filipo, ¿tanta licencia?

(Vase Filipo.)

Mauricio   Tú, Teodosio, sal también,
                y todos lugar me den,
                ¡Ah, Príncipe, salte afuera!
                ¿Ya estáis vos de esa manera?
                Parecido os habrá bien.
                    ¡César!

Teodosio   Señora, ¿me llamas?

Mauricio   Yo soy quien llamó.

Teodosio   ¿Qué quieres?

Mauricio   Que así no mires las damas.

Teodosio   Agrádanme las mujeres,
y ésta más.

Mauricio   ¡Qué fácil amas!
Repórtate y salte afuera
a enfrenar esos intentos.

Teodosio   ¡Ay, persiana! ¡Quien tuviera
más almas que pensamientos,
y en tu altar las ofreciera!

(Vase Teodosio.)

Mauricio   Ya, cautiva, en quien confío,
es tan grande tu poder,
que aunque el tiempo es como río,
que atrás no puede volver
hoy has vuelto atrás el mío.
    Con tus partes más que humanas
las fuerzas del alma ganas,
tus ojos me dan pasión,
porque hacen refracción
en la nieve de mis canas.
    Con amorosa inquietud
siento un honrado temor
de fénix en mi virtud,
que, abrasándose en tu amor,
ha vuelto a la juventud.

Mitilene   Esa nueva alteración,
que tu vieja edad pretende,

    merece mi corrección,
pues, si mi rostro la enciende,
la temple mi condición.
    Persiana soy.

Mauricio
                Yo, el monarca
que el orbe esférico abarca,
y en el ancho mar es mío
desde el más veloz navío
hasta la más débil barca.
    El mundo de polo a polo
tendrás, si no eres ingrata;
oro te dará el Pactolo,
los franceses montes plata,
Arabia su fénix solo.
    Mal fin en mis reinos haya
si en las faldas de tu saya
no me parece que miro,
en conchas del mar de Tiro
los olores de Pancaya.
    El alarbe que hoy sujeto,
ciñendo corvado alfanje,
dará el bálsamo perfeto,
sus blancas perlas el Ganges,
sus panales el Himeto,
    el elefante marfil,
la ballena ámbar sutil,
Escitia verdes esmeraldas,
y para hacerte guirnaldas,
todo el año se hará abril.

Mitilene
    Si tu sacra majestad,
porque su cautiva vivo,
muestre en mí su potestad,

                el cuerpo tengo cautivo,
                pero no la voluntad.
                   Nunca lascivos amores
                me enseñaron mis mayores;
                de una pica me enamoro,
                no de perlas, plata y oro,
                guirnaldas, bálsamos y flores.

Mauricio   ¿Quién eres?

Mitilene   Una persiana
                que en los ejércitos vengo.

Mauricio   Pues, ¿quién te ha hecho inhumana?

Mitilene   Mi noble sangre; que tengo
                odio a la nación romana.

Mauricio   ¿Qué romano fue atrevido
                a ofender tanta belleza?

(Sale el Príncipe Teodosio.)

Mitilene   De ningún hombre lo he sido;
                mi misma naturaleza
                la inclinación me ha traído
                   su memoria y su valor;
                de la memoria no aparto.

Teodosio *(Aparte.)*   (Perdone el Emperador,
                que está mi pecho de parto
                y ha de nacer este amor.)
                   El ejército desea
                ver tu rostro.

Mauricio   Cuando sea
                 tiempo saldré.

Teodosio (Aparte.)   (Mi pasión
                 no pide esa dilación.)

Mauricio   Lugar daré a que me vea.
                     Vete, César.

Teodosio (Aparte.)   (Es violento
                 el irme en esta ocasión,
                 porque es la gloria que siento
                 rémora del corazón
                 que para su movimiento.
                    ¡Ay, mi persiana gallarda!
                 Aunque el alma tiempo aguarda
                 para hablarte, desespera,
                 porque aun el alma, si espera,
                 ofende, cuando se tarda.)

(Vase. Sale Filipo por otra puerta.)

Filipo   Aunque la maten mis celos,
                 vuelvo ya determinado
                 a ver los rayos o cielos
                 del Sol que Persia ha creado
                 entre sus montes y hielos.

[Sale Teodolinda.]

Teodolinda (Aparte.)   (Otra vez la torna a ver.
                     ¿Qué hago, que no persigo
                     su vida? Pues la mujer

                        es el mayor enemigo
                        cuando da en aborrecer.

(Pónese delante de Mitilene Teodolinda, y Filipo habla con el Emperador, mirando a Mitilene.)

                                No la tiene de mirar;
                                Luna soy, que he de eclipsar
                                este Sol para sus ojos.)

Filipo   ¿Dónde pondré los despojos
                        de esta guerra?

Teodolinda   ¿No hay lugar
                        para tratarlo después?

Filipo   Los gallardetes no cuelgo
                        hasta que bese tus pies.
(Aparte.)   (¡Ay, cautiva!)

Teodolinda (Aparte.)   (Yo me huelgo,
                        ingrato, que no la ves.)

Filipo (Aparte.)   (Como entre nubes parecen
                        unos pedazos de cielos,
                        que en mis ojos resplandecen.)

Teodolinda (Aparte.)   (Muriendo estoy de estos celos;
                        no la has de ver.)

Filipo   (Me oscurecen
                        tus brazos mi Sol divino.)

(Hace ademanes de cubrirla la Infanta, y él porfía por verla.)

Mauricio	Mientras que lo determino, rige la gente.
Teodolinda (Aparte.)	(Traidor, mal disimulas tu amor.)
Filipo (Aparte.)	(¡Ay, qué rostro peregrino sobre mis hombros estriba!)

(Vase Filipo.)

Mauricio	El poder de tierra y mar todo es tuyo; haces reciba tu alma, que a cautivar viniste, a no ser cautiva. Dará el mar, si me regalas, el nácar de sus espumas, y el fénix rosadas alas para que sirvan sus plumas de penachos en tus galas. Teodolinda, favorece mi causa, pues entristece. Quite el jardín tus enojos, y en él harán estos ojos lo que el Sol cuando amanece.
Teodolinda	Servirte y obedecerte mi pecho humilde desea.

(Sale Teodosio con una daga en la mano.)

Teodosio	Si impidiere mi mal fuerte, aunque más mi padre sea,

                        le tengo de dar la muerte.
                            Aunque no lo debe ser,
                        ni me parió su mujer;
                        que, según le aborrezco,
                        hijo de tigre parezco
                        o fui trocado al nacer.

Mitilene   Soy muy dichosa, digo,
                        [si ese alivio mereciera.]

(Vanse las dos de la mano.)

Teodosio   Adentro van; yo la sigo.

(Vase Teodosio.)

Mauricio   Esta es la gloria primera
                        que dio al hombre su enemigo.
                            ¿Otra vez Teodosio aquí?
                        No son presunciones buenas;
                        y pues siempre que lo vi,
                        se me han helado las venas;
                        ninguna sangre le di.
                            No es mi hijo y si lo es,
                        me aborrece. Muera pues,
                        no contradiga mi gusto,
                        que quien quiere mi disgusto
                        querrá mi muerte después.

(Vase. Salen Heracliano, con un gabán y báculo, y Heraclio, de villano.)

Heracliano   Heraclio, ¿qué te parece
                        la corte y esta arrogancia?

Heraclio	Que no es hombre de importancia
quien la corte no merece.
Heracliano	Muchos hay que, retirados,
buscaron la soledad.
Heraclio	Cansóles la voluntad
el peso de los cuidados.
esta pompa y edificios,
las damas, la bizarría,
el trato, la policía,
el orden de los oficios
mueven más mi corazón
que el ganado, caza y sierra.
Heracliano	¿Te agradan cosas de guerra?
Heraclio	Es mi propia inclinación.
Yo confieso que en el yermo,
aunque más el perro ladra,
mejor que en la dicha cuadra
entre mis ovejas duermo.
Como las gobierno y domo
cuando mis silbos las llaman,
sus tiernas ubres derraman
la blanca leche que como.
Danme la fuente y el río
entre plata y cristal tierno,
nieve por agua el invierno,
leche pura en el estío.
Los campos, con su quietud
mis espíritus levantan;
las dulces aves me canta,
todo es gusto y aun salud.

                  Mas la trompa y el atambor,
la gente, la urbanidad,
la corte, la majestad
de un Rey, un emperador,
    más me inclina y más me alegra.

Heracliano   Todo me cansó una vez,
cuando nevó la vejez
copos en la barba negra.
    La Emperatriz ha salido
despachando al limosnero.
Es un ángel.

Heraclio   Verla quiero.

(Sale la Emperatriz Aureliana sin galas, dando dineros al Limosnero.)

Aureliana   Pocos pobres han venido.

Limosnero   Nos manda el Emperador
no darles, y me recelo.

Aureliana   Si es la limosna en el cielo
como en el suelo el favor,
    ¿la niega?

Limosnero   Ya todo es vicio.

Aureliana   De la mujer ni el vasallo
no es decirle ni escuchallo.
Fe y alma tiene Mauricio.
    Da limosna.

(Vase el Limosnero enojado.)

Heracliano	Pues la mano
nunca merecí, los pies
será razón que me des.
Aureliana	¡Oh, famoso Heracliano!
Heracliano	Perdone Tu Majestad;
que con el traje que vengo
en la montaña le tengo.
Ya posó mi urbanidad.
Aureliana	¿Traes a Heraclio?
Heracliano	Sí, señora,
sin él no puedo venir.
Aureliana	¿Es éste?
Heracliano	Y podrás decir
que ves un Héctor agora.
En las cortes de los reyes
no hay mancebo más bizarro;
el movimiento de un carro
detiene, con cuatro bueyes.
Tan ligero corre y salta,
que alguna vez ha alcanzado
al corzuelo remendado
por la montaña más alta.
Es una cuartana fría
del león bravo y furioso,
es un vaguido del oso,
del lobo melancolía.
Porque al lobo, oso y león

                        los acobarda y destierra;
                        y sobre todo a la guerra
                        tiene extraña inclinación.

Heraclio (Aparte.)   (Sin duda tratan de mí.
                        La Emperatriz me ha mirado.
                        Si me querrá hacer soldado,
                        en signo alegre nací.
                           No sé qué deidad me inclina
                        a respetar su presencia
                        con amor y reverencia,
                        como a una cosa divina.
                           Inquietos están mis brazos
                        para llegar a abrazalla.
                        ¡Heraclio, bárbaro, calla!
                        ¿Tú, a la Emperatriz abrazos?
                           Para quitarse mejor
                        lo que mi pecho desea,
                        me retiro, y aunque sea
                        silla del Emperador,
                           me siento.)

(Siéntase Heraclio en el tribunal.)

Heracliano   Yo he deseado
                        que este galardón me des
                        solo en decirme quién es
                        Heraclio, a quien he criado;
                           que como Tu Majestad
                        me lo envió tan pequeño,
                        discurro, imagino y sueño
                        y no doy en la verdad.

(Quédase dormido Heraclio en la silla.)

Aureliana	Yo descubriré quién es;
	sírvame tu corazón
	agora con atención,
	y con secreto después.
	Desposéme, como sabes,
	siendo César, con Mauricio
	que ya es monarca del mundo
	desde el Austro al polo frío.
	Mi esposo y mi Emperador
	mostróme amor al principio
	y aborrecióme después;
	hombre, al fin, y amor del siglo.
	Pero, como son la paz
	de los casados los hijos,
	pedí al cielo me los diese
	y soñé extraños prodigios.
(Aparte.)	(¡Ay, cielos, ay, rigor, ay, cruel castigo!
	Cumpla estos sueños Dios solo conmigo.)
	Durmiendo, a mi parecer,
	temblaban los edificios
	de la gran Constantinopla,
	corriendo de sangre ríos.
	Dentro del mar y en la tierra
	sonaban grandes gemidos;
	hasta los pájaros daban
	articulados suspiros.
	Entre arreboles de sangre
	el Sol estaba escondido;
	era un crepúsculo el día,
	la noche un oscuro abismo.
	Yo, confusa y temerosa,

no de mi propio peligro,
iba al templo, y admirada
de los secretos juicios,
hallábalo profanado
de bárbaros enemigos,
que es el castigo mayor
que da Dios al cristianismo.
Entre estas calamidades
un trágico caso he visto,
que el corazón me suspende
las veces que lo imagino.

(Aparte.) (¡Ay, cielos, ay, rigor, ay, cruel castigo!
Cumpla estos sueños Dios solo conmigo.)

Un traidor, aunque cobarde,
de humildes padres nacido,
ya en el ejército nuestro,
vanaglorioso y altivo,
del gran imperio triunfaba,
pasando a cuchillo
a mis hijos, a mi esposo,
y a este cuello triste mío.
Dábanos Dios esta muerte
por los pecados y vicios
del Emperador, mi esposo.
¡Triste caso, a estar cumplido!

(Aparte.) (¡Ay, cielos, ay, rigor, ay, cruel castigo!
Cumpla estos sueños Dios solo conmigo.)

Aunque es verdad que los sueños
no tienen de ser creídos,
por ser confusas especies

				de aquellas cosas que oímos;
				cuando son males se temen,
				porque suelen ser avisos
				de Dios, que en sus obras tiene
				investigables caminos.
				Todos los casos adversos
				parece que traen consigo
				más crédito y certidumbre
				que los sucesos propicios.

(Aparte.)		(¡Ay, cielos, ay, rigor, ay, cruel castigo!
				Cumpla estos sueños Dios solo conmigo.)

				Al fin, tras de muchos sueños
				de la manera que digo,
				parí a Heraclio; desde entonces
				le tienes a tu servicio.
				A tu casa le llevaron,
				y en su lugar puse un niño
				hijo de una esclava escita
				y de un esclavo fenicio;
				fue la culpa de esconderlo
				porque suceda en mis hijos
				el imperio si se escapa
				del riguroso martirio.

(Aparte.)		(¡Ay, cielos, ay, rigor, ay, cruel castigo!
				Cumpla estos sueños Dios solo conmigo.)

				Sospecho que ya se cumple
				el influjo de estos signos,
				porque ya el Emperador
				su conciencia ha distraído,
				aunque ya viejo, es cruel,

                        es avariento y lascivo,
                        y aun a la fe de cristiano
                        le va corriendo peligro.
                        Mas, ¡ay de mí! ¿Cómo juzgo
                        defectos de mi marido?
                        Yo he mentido, Heracliano.
                        ¡Júzguele Dios que le hizo!

Heracliano   ¡Sueños extraños! Inquieta
                        estarás con el temor.

(Habla Heraclio como si fuera entre sueños.)

Heraclio   Pues que soy Emperador,
                        ¡el ejército acometa!
                           ¡Heraclio soy, viva Cristo!
                        Con su cruz he de vencer;
                        ya se puede acometer,
                        buenos presagios he visto.
                           Emperador del Oriente
                        y del Occidente soy,
                        vengando la muerte estoy
                        de una cordera inocente.

Heracliano   Dormida habla consigo.
                        Despierta, Heraclio, despierta.

Heraclio   ¡Capitán, cierra la puerta!
                        ¡No se escapa el enemigo!

Heracliano   ¿Quién en palacio y de día
                        de espacio a dormir se pone?

(Despierta Heraclio y bájase del trono.)

Heraclio	Tu Majestad me perdone
mi necia descortesía;
porque, como allá dormimos
sin respeto ni atención,
no mudamos condición
cuando a la corte venimos.
Aureliana	¿Qué soñabas?
Heraclio	Niñerías,
imposibles confusiones
que causan las ilusiones
del sueño y sus fantasías.
Cosas que ni pueden ser;
sueños, al fin, mal formados
de casos imaginados.
Aureliana	Yo los tengo de saber.
Heraclio	Soñaba que Emperador
era de toda la tierra,
y que estaba en una guerra
y escapaba vencedor
—¡mil disparates!
Heracliano	Sería
cómo te asentaste mal
en esa silla imperial
y te dormiste.

(Salen Teodosio, con una daga desnuda y asido de Mitilene, y ella con otra.)

Teodosio	Porfía,

        y verás de tu hermosura
en cristal ensangrentado
si estás a mis ruegos dura;
que un amor demasiado
suele parar en locura.
    Siento, después que te vi,
un letargo, un frenesí;
y he de curar mal tan fuerte
con tu amor o con tu muerte;
que hay dos extremos en mí.
    Elige, pues, lo mejor,
que en tu mano está.

Mitilene   No quiero
[ni mi muerte ni tu amor.

Teodosio   Pues, ¿qué?

Mitilene   Que pruebes primero
si hay en tus brazos valor.

Teodosio   Son tus ojos muy humanos
y fáciles mis antojos.

Mitilene (Aparte.)   (¡Por los cielos soberanos,
que si muere por mis ojos,
que ha de morir por mis manos!)
    Humane el pecho; que en él,
si el fuego de amor no mata,
le entraré esta daga.

Teodosio   Infiel,
premia mi amor.

Mitilene	Soy ingrata.
Teodosio	Dame vida.
Mitilene	Soy cruel.
Teodosio	Sosiégate.
Mitilene	Soy un mar.
Teodosio	¿No me quieres ver ni hablar?
Mitilene	Soy basilisco y sirena
que con ver y hablar doy pena.
Teodosio	Dámela, que al fin es dar.
Denme pena tus enojos,
tu vista y tus labios rojos,
mas tú no hablaras ni vieras,
si la ponzoña tuvieras
en la boca y en los ojos.
Aureliana	¿Qué es aquesto? ¿En mi presencia
solicitándola estás?
¿Sin recato y con violencia?
Teodosio	¿Qué mujer tuvo jamás
verdadera resistencia?
Si es violencia o voluntad
desacato o liviandad,
deja de darme consejos.
Aureliana	Si los padres y los viejos
tienen esa autoridad,

| | ¿no la puedo yo tener,
que tu propia madres soy? |
|---|---|
| Teodosio | Mi gusto tengo de hacer. |

(Teodosio tira de Mitilene.)

| Mitilene | Un monte de mi honor soy
que no me podrás mover;
    pues ofenderme deseas,
aunque más Príncipe seas,
¡vive el cielo, que te mate! |
|---|---|
| Aureliana | ¡Teodosio!, ¿tal disparate? |

(Porfía el Príncipe de llevar a Mitilene, y defiéndela la Emperatriz.)

Teodosio	Ni me hables ni me veas.
Aureliana	¿Hay tan ciega obstinación?
Tus apetitos reporta.
Teodosio	Yo sigo mi inclinación.
Aureliana	Déjala.
Teodosio	Daréte.
Aureliana	¡Corta!
Teodosio	Toma, pues, un bofetón;
dejaré en tu rostro escrito
que mi voluntad confirmes,
y no impidas mi apetito.

Heraclio   ¡Ejes del cielo, estad firmes
a tan bárbaro delito!
   ¡Estrellado firmamento,
planetas que vueltas dais
con el rapto movimiento,
montes, casas, no os caigáis
con tan extraño portento;
   Ángeles santos y buenos,
¿cómo no os dais desmayos?
Nubes en aires serenos,
¿cómo no os rompéis con rayos
ni nos asombráis con truenos?
   ¿Cómo tú, tierra pesada,
que de metales preñada
nombre de madre mereces,
no tiemblas ni te estremeces
viendo una madre agraviada?
   Vosotros, ojos, que atentos
contemplasteis tal mujer,
llorad, haced sentimientos,
pues no los quieren hacer
el Sol ni los elementos.
   A tener razón, lo hicieran.
Sosiega ya, corazón.
¿Qué movimientos te alteran;
que siento aquel bofetón
más que si a mí me lo dieran?
   Mano infame, mano ingrata,
mano que muerde rabiosa
al dueño que bien la trata,
y víbora ponzoñosa
que a su misma madre mata,
   búho que aborrece el día

> y con hambrientos antojos
> matar sus padres porfía,
> cuervo que saca los ojos
> a la madre que le cría,
>   toma la espada, inhumano,
> bárbaro más que cristiano,
> pues que piedad no te enseña
> con los padres la cigüeña,
> apréndela de un villano.

Teodosio Este villano, ¿qué intenta?

Heraclio Darte muerte.

Teodosio ¡Ah, de mi guarda!

Heraclio Ira soy de Dios sangrienta,
porque el castigo no tarda
a quien sus padres afrenta.

(Llévanle dentro a palos, a Heraclio.)

Aureliana Hecho pedazos te vea
brevemente, aunque esto sea
con la muerte de los dos.
Pero no, que ofende a Dios
quien mal a nadie desea.

(Sale Teodosio.)

Heracliano ¿No sabrá el Emperador
tanta infamia, tanta mengua?

Aureliana Callarlo será mejor.

Mitilene	Inmóvil tengo la lengua de cólera y de dolor.

(Sale Heraclio.)

Heraclio	Haz que le den muerte dura.
Aureliana	No importa, que fue locura.
Heracliano	Gusano de seda fuiste, que en tus entrañas trajiste tu muerte y tu sepultura. Eres muro y planta altiva, que en tus brazos has criado la hiedra que te derriba.
Aureliana	Di que soy quien ha engendrado ese amor y esa fe viva.
Heraclio	En venganza y desagravios no has meneado los labios; con tu paciencia me aflijo.
Aureliana (Aparte.)	(¡Qué bien pareces mi hijo en el sentir mis agravios!) Para quitar la ocasión a un loco, será razón que se lleve Heracliano a la persiana.
Heracliano	Yo gano un dichoso galardón.

Mitilene	Venirme más bien no pudo,
	porque allí las piernas quiebre
	al jabalí colmilludo,
	corra la tímida liebre,
	saque del agua el pez mudo.
	Seguiré la veloz gama,
	el otoño, cuando brama,
	hasta que caiga herida
	en la hierba guarnecida
	con la sangre que derrama.
	Daré a las aves ligeras
	ya a prisión, ya a rescate.
Heraclio	Cuando no sigas las fieras,
	aquí tienes quien las mate,
	como sus servicios quieras.
	Las montañas de su altura
	destilarán agua pura,
	si a honrarlos tus ojos van,
	y en el cristal dejarán
	los rayos de tu hermosura.
Aureliana	Idos luego a las montañas,
	que es peligroso el palacio.
Heraclio	Son bárbaras sus hazañas.
Aureliana	¡Quién te volviera despacio
	otra vez a sus entrañas!
Mitilene	Ya por los montes suspiro.
Heracliano	De tu modestia me admiro.

Aureliana	Toma, Heraclio.

(Dale a Heraclio una sortija, y él le besa la mano.)

Heraclio	Eres muy franca.
(Aparte.)	(Esta Emperatriz me arranca
	el alma cuando la miro.)

(Vanse todos.)

                        Fin de la primera jornada

Jornada segunda

(Salen Filipo y Teodolinda, Infanta.)

Teodolinda
        Como el tiempo antiguo y fuerte
        los edificios deshace,
        y la vida del que nace
        la pálida y triste muerte,
          y como la vanidad
        consume cualquier riqueza,
        y la cobarde pobreza
        estraga la calidad;
          así, Filipo, la ausencia
        es la muerte del amor.

Filipo
        Antes lo hace mayor
        cuando es breve.

Teodolinda
                  En la apariencia:
        fuiste ausente y olvidaste.

Filipo
        Por tus ojos o mis cielos,
        que esas sospechas y hielos
        con el amor engendraste.

(Salen el Príncipe Teodosio y la Emperatriz Aureliana.)

Teodosio
        Madre injusta, tigre Hircana,
        ¿Cómo tan fiera anduviste?
        Quítame el ser que me diste,
        o vuélveme a mi persiana.

Aureliana
        Hijo, si fui tigre fiera,
        no te podré querer mal,

porque no hay otro animal
que más a sus hijos quiera.
   Mas tu mano cruel y avara
tornarse a entrar pretendió
al vientre de quien salió,
y quiso entrar por la cara.
   Hijo, enmendarte procura,
de ofenderme no te cuadre;
que Dios respetó a su madre
con ser Dios.

Teodosio   ¡Gentil locura!
   ¿Por qué me tiene escondida
la que al amor de amor mata,
la que es bella como ingrata,
la que es alma de esta vida,
   la que es honra, luz y palma
de mi honrado pensamiento,
la que es rapto movimiento
de los cielos y de mi alma?
   ¿Por qué has ligado y deshecho
los ojos que luz me daban,
y centro donde paraban
los suspiros de mi pecho?
   Vuélveme la persa, o muera,
aunque, muramos los dos.

Aureliana   Considera, pues, que hay Dios
y que es justo considera.
   Si el deleite humano es sueño,
y el desenfrenado amor
es un caballo traidor
que arrastra a su mismo dueño,
   resista tanta flaqueza

	la memoria del infierno;
	si es «hijo» nombre más tierno
	que nos dio naturaleza.
(De rodillas.)	Hijo, hijo regalado,
	tenme respeto y temor,
	que en el vientre del amor
	muchas veces te he engendrado.
	Contigo fui liberal,
	columnas mis brazos fueron,
	en peso un tiempo tuvieron
	este edificio mortal.
	Hijo de mi corazón,
	pues que no te pido que seas
	con tus padres otro Eneas,
	huye de ser Absalón.
Teodolinda	Tu Majestad, ¿para qué
	arrodillada se ha visto
	a mi hermano? Solo Cristo
	mejor que su madre fue;
	solo la Virgen podía
	arrodillarse a sus pies.
	Y tú, Teodosio, ¿no ves
	que ésta es nueva tiranía?
	¿No has visto que no conoce
	la paternal reverencia?
Teodosio	¿Quien me dio tanta paciencia?
Aureliana	También él la reconoce.
Teodosio	Algún demonio me ha hecho
	que os aborrezca y me incita.

Filipo César y Príncipe, quita
esa cólera del pecho.
   La Emperatriz, mi señora,
y vuestra, además de ser
madre, Emperatriz, mujer,
como ídolo te adora.
   Por cuatro razones, debes
su respeto y reverencia.

Teodosio ¿Quién te dio tanta licencia
que a mi persona te atreves?

Filipo El ver que de buena gana
me has hecho siempre merced.

Teodosio Hidrópico soy. Mi sed
es beber la sangre humana.
   La tuya derramaré
si aconsejas de esa suerte.

Filipo Si te sirves con mi muerte
mi espada propia daré.
(Dale su espada.)   Saca con ella, señor,
vida y alma racional
del vasallo más leal
que ha tenido emperador.
   Mas, mi palabra te empeño
que, aunque le falte razón,
no cometerá traición
por no volverse a su dueño.
   A tu voluntad ofrezco
este cuello y esta espada.

Teodosio ¡Oh, quién la viera empleada

en las vidas que aborrezco!

(Sale el Emperador Mauricio y un criado con él.)

Mauricio   No me da mi rabia espacio,
                  porque en cólera me enciendo,
                  y con un rayo pretendo
                  asolar este palacio.
                      ¿Cómo el cuerpo de esta casa
                  que vida y alma no tiene,
                  faltándole Mitilene,
                  no se deshace y abrasa?
                      ¿Cómo no das esta vez
                  muerte a aquesta que ha escondido
                  el claro Sol que ha salido
                  al alba de mi vejez?
                      Dame, falsa, dame, ingrata,
                  una cautiva que adoro;
                  guarneceré con su oro
                  esos cabellos de plata.
                      Su cristal hermoso trae,
                  trae su alabastro, importuna,
                  porque sirve de coluna
                  a esta vida que cae.
                      Dame el alma que deseo,
                  dame mi espejo infiel,
                  porque si [me] miro en él
                  de menos edad me veo.
                      Hipócrita, ¿dónde tienes
                  el ídolo de mi amor?

(Arrastra a Aureliana de los cabellos.)

Aureliana   Espera, aguarda, señor;

                        lleno de cólera vienes.

Mauricio   Este cabello villano
                        por fuerza te arrancaré.

Aureliana   A la montaña se fue
                        en casa de Heracliano.
                           No entendí darte disgusto;
                        perdona, no estés con ira,
                        que ofendes a Dios, y mira
                        que es riguroso aunque justo.

Mauricio   ¿Qué dices y reprehendes,
                        hipócrita? Sal de aquí.
                        No estés delante de mí
                        que me enojas y me ofendes.

[Vase la Emperatriz Aureliana.]

Teodolinda   Amor, si remedio esperas,
                        a seguir su Sol disponte,
                        que ya se puso en el monte
                        porque es galán de las fieras.

Filipo   Con la razón que tenía,
                        viendo el mal que ausente estaba,
                        mi corazón palpitaba;
                        pero yo no lo entendía.

Mauricio   Filipo, partirte puedes
                        por mi cautiva gallarda;
                        serás el águila parda
                        de mi bello Ganimedes.
                           Alba serás del Sol mío

            que traerás sus rayos de oro;
            serás mi claro Pecloro,
            Argos serás de otra Io;
               pues su venida empiedra
            de granates los caminos;
            viste los montes y pinos
            de arrayán y verde hiedra;
               alumbren la negra noche
            cuando niegan luz los cielos,
            volcanes y Mongibelos;
            tiren paveses tu coche,
               como pintan a el de Juno;
            y al Fénix que arriba tiene
            trajera a el de Mitilene,
            a no ser Fénix uno.
               Al Príncipe te anticipo,
            César te hago de Roma,
            mi púrpura propia toma;
            tu Alejandro, soy Filipo.

(Sale la Emperatriz Aureliana con una casta del Padre Santo.)

Aureliana   Nuestro santo pontífice Gregorio,
                     que ahora en Roma está con gran peligro,
                     señor, ha despachado dos legados
                     con esta carta para ti; recibe
                     el recado que traen, si eres servido.

Mauricio   ¿Ya no sabe Gregorio que aborrezco
                     sus cosas? ¿Para qué cartas me envía?
                     Déjeme el Papa ya.

Filipo   La carta leo.

(Lee.)	Gregorio, obispo de Roma, siervo de los siervos de Dios, a ti, Mauricio, Emperador de Oriente y Occidente, salud y gracia y bendición apostólica, hijo en Cristo, la Sede apostólica y la Iglesia: En estas partes occidentales y reinos de Italia muy perseguida de infieles, principalmente en la ciudad de Roma, que está cercada de lombardos, y yo dentro sin poderla favorecer, si Dios por su divina misericordia no la ampara de parte suya, encarecidamente pido favor y bástale representar el peligro al Defensor de la Iglesia para que acuda con su ejército. Dios sea en vuestra gracia, Amén. Fecha en Roma, en las calendas de mayo del año de mil trescientos y tres.

Mauricio	Imposible ha de ser darle socorro;
sus trabajos padezca, si los tiene;
vuélvase el portador y déle aviso
del mucho desamor que al Papa tengo.

Aureliana	Señor, mire tu grandeza
que un cuerpo son los cristianos,
y no es bien que estén las manos
contrarios de la cabeza.
    Cabeza es la Iglesia, señor,
y sufrirá muchos males
si los miembros principales
no le prestan el favor.
    Cuerpo el Papa, y el Rey es
brazos de este cuerpo mixto;
la cabeza solo es Cristo,
y los demás somos pies.
    Si al cuello favor no dan
los brazos con fortaleza,
enojarse ha la cabeza

    y los pies peligrarán
      como el Papa por su oficio.
De la Iglesia eres coluna,
pues si de dos falta una,
¿no se caerá el edificio?
    Dios con ella se desposa,
tu brazo su escudo es;
repara los golpes, pues,
porque no den en su esposa.
    Su mano da el cortesano
cuando cae una mujer;
la Iglesia quiere caer,
dale, señor, la mano.

Mauricio   Hipócrita, mal nacida,
no me cansen tus sermones.
¡Vive el cielo, que en prisiones
tienes de acabar la vida!
    Llevadla luego a una torre.

Teodolinda   ¡Señor!

Mauricio   No más me prediques
ni a mis órdenes repliques.
Llévala tú.

Criado   ¡Señor!

Mauricio   Corre,
    que padezca y sufra es justo,
pues no me tiene afición
la que niega mi opinión
y contradiga mi gusto.

(Llevan a la Emperatriz y suena ruido.)

				¡Válgame Dios! ¡Qué ruido!
				¡Qué extraño temblor de tierra!

Filipo			Será la gente de guerra
				que algún motín ha movido;
				  ponte, señor, tras de mí,
				porque estando de esta suerte,
				desdargue el golpe la muerte
				en mis hombros y no en ti.
				  Cuando no fuere a la vista
				de tus ojos de provecho,
				un muro será mi pecho
				que el ejército resista.

(Torna a sonar.)

Mauricio			No, es tierra; que son, creo
				batallas de hombres armados
				en el aire congelados.
				¿No les veis?

Filipo				 No los veo.

Mauricio			¿No veis el cielo teñido
				con la sangre que se vierte?
				¿No veis la pálida muerte?

Filipo			Solamente oigo el ruido.

(Sale Focas con una espada.)

Mauricio			¿Veis una persona airada

	que me mira con rigor?
Focas	Mauricio el Emperador morirá con esta espada.
Mauricio	¿Viste en el aire pasar con una espada de fuego un monstruo?
Filipo	Sí, señor.
Mauricio	Luego mi muerte no [ha de tardar]. ¿Oístelo?
Filipo	[Sí, lo oí].
Mauricio	¿Vístelo?
Filipo	También.

Mauricio	No son
	casos de imaginación.
	¡Ay, infelice de mí!
	  Mi sangre está hecha hielos,
	el alma empieza a temer;
	nadie se puede esconder
	  del castigo de los cielos.
	  Viva el hombre con recelos
	de la justicia divina,
	que a los soberbios declina,
	solo al humilde levanta;
	al fin, es justicia santa,
	que ni tuerce ni [inclina].

                    Desde el Austro al polo frío
                    llegan con ancho hemisferio
                    los límites de mi imperio.
                    Dios hizo el mundo, y es mío;
                    mas es mundo, en él no fío.
                    Volver quiero el pensamiento
                    a Dios, que es el fundamento
                    donde el alma ha de estribar.
                    David soy; quiero llorar
                    sin suspender mi tormento.

Criado   En sueño y melancolía
                    está; a solas le dejemos.

Filipo   Cosas prodigiosas vemos
                    en este trágico día.

(Vanse. Queda durmiendo el Emperador, y sale Focas, como la visión, con una espada, y la pone al pecho de Mauricio.)

Mauricio   Rey ni emperador se escapa
                    de padecer mal tan fuerte.

Focas   Focas te ha de dar la muerte
                    porque aborreces al Papa.

(Vase Focas.)

Mauricio   ¡Que me matan! ¡Que me matan!
                    Filipo, socorre, ayuda,
                    con una espada desnuda
                    mi vida vieja desatan.
                       ¡Que me muero! ¡Que me muero!
                    ¡Ay, Jesús, dame la mano,

	que me mata un villano!
(Sale Filipo.)	¡Ay, qué tribunal espero!
Filipo	El Emperador da voces.
	¡Ay, señor, señor! ¿Qué tienes?
Mauricio	Filipo, a buen tiempo vienes.
	¿Esas sombras no conoces?
	Saca, Filipo, la espada;
	líbrame de estas visiones.
Filipo	¡Si son imaginaciones!
Mauricio	¿Los que me dan muerte airada?
	Dales, Filipo.
Filipo	No veo
	quien te ofende.
Mauricio	Aquí a este lado.
	Dales, Filipo.
(Saca la espada Filipo.)	
Filipo	Admirado
	estoy y verles deseo.
Mauricio	Filipo, aquí se vinieron;
	castiga su atrevimiento.
Filipo	Ya les doy y nada siento.
Mauricio	Déjalos, que ya se fueron.
	¡Ay, Dios justo es mi Dios bueno!

                    ¿Conocerás un villano,
                    ¡dichoso caso!, lozano,
                    bajo de cuerpo y moreno?

Filipo   Buscaré bien.

Mauricio   Advierte
                    que aquí me lo has de traer;
                    porque éste tiene de ser
                    el que me ha de dar la muerte.
                       Dios me quiere castigar,
                    y mi pecho lo desea,
                    como en esta vida sea.
                    Favor al Papa he de dar.
                       La Emperatriz es muy santa,
                    ella será intercesora
                    con el Justo Juez, que agora
                    con su sentencia me espanta.

(Vanse. Salen Heraclio y músicos.)

Heraclio   Esta es la fuente que tiene
                    por guijas, cristal y perlas,
                    porque cuando a cazar viene,
                    llegue a coger y beberlas
                    la gallarda Mitilene.
                       Cuando aquí está calurosa,
                    bebiendo su agua dichosa,
                    le doy voces y le aviso
                    no muera como Narciso
                    viendo su imagen dichosa.

Músico I   Delante se nos ofrece.

Músico II	Venus en Chipre parece.
Heraclio	Hacedle una alegre salva, Sed ruiseñores del alba, que a mis ojos amanece.

(Cantan.)

Músicos	«Hela por do viene la cazadora que cautiva y prende en red amorosa.

(Sale Mitilene con arco y flechas.)

    Del monte desciende
    más linda y hermosa
    que el Sol cuando sale
    siguiendo el aurora;
    a la fuente viene,
    que corre envidiosa
    de ojos y labios
    que sus aguas doran.
    Fieras y hombres mata la cazadora
    que cautiva y prende en red amorosa.»

Heraclio	Me pareces, descendiendo, si verdad quieres que trate, al Sol que se va poniendo, garza que al suelo se abate, y alba que viene riendo su tardanza. Por mi mal, la fuente está murmurando entre dientes de cristal, entendiendo está y brindando esos labios de coral.

	Hizo que a tus movimientos
	tenga mis ojos atentos
	por podérteme ofrecer.
	Sangre quisiera tener,
	como tengo pensamientos.

Mitilene   ¿Son honrados?

Heraclio   Bien nacidos
y como en creer no tardan,
salen del alma atrevidos,
llegan a ti y se acobardan,
y vuelven arrepentidos.
   Después que entre fieras tratan,
tus manos matan las fieras,
nuestras vidas arrebatan,
y a mí tus ojos me matan,
que son del Sol sus esferas.

Mitilene   ¿Cómo estás tan cortesano?

Heraclio   Con amor teme el tirano,
oye el sordo y habla el mudo,
calla el loco, entiende el rudo
y es político el villano.

Mitilene   Yo en el grado que te quiero
a ninguno quise bien.

Heraclio   Dulce amor, ¿qué más espero?
Dadme alegre parabién
de este favor lisonjero.

Músico I   ¿Cómo de caza te ha ido?

Mitilene

A tiempo has interrumpido
su plática regalada.
En la espesura intricada
un ciervo dejo herido.
   Entre robles se escondía,
paciendo tomillo tiernos,
y como el cuerpo encubría,
mostrando un árbol de cuernos,
roble seco parecía.
   Movióse en espacio breve.
Así dije: «Lo que veo
ciervo es que pace, o bebe,
porque aquí no canta Orfeo,
el que los árboles mueve».
   Disparéle satisfecha
una jara tan derecha,
que al medroso ciervo dio
y por el monte abajó
más ligero que una flecha.
   Por heridas bocas iguales
sangre y espuma vertía,
y así dejaba señales,
que la tierra parecía
copos de nieve y corales.
   Corrió al fin tan diligente,
que llegó a una clara fuente,
y allí bebiendo y bañando
se está agora desangrando
para morir dulcemente.

Heraclio

Eres hermosa Diana,
eres el margen florido
de esta fuentecilla ufana

                        cuyo cristal has bebido.
                        Siéntate.

Mitilene   De buena gana.

(Échase a sentar Mitilene.)

Heraclio   Con la música y ruido
                        del agua blanda, mi dueño
                        dulcemente se ha dormido,
                        y su rostro, con el sueño,
                        rosado está y encendido.
                          Al valle quiero bajar
                        por rocas, para enramar
                        sus cabellos y sus faldas.

(Cantan.)

Músicos   «Vamos todos por guirnaldas,
                        dejémosla reposar.»

(Vanse. Queda durmiendo Mitilene y sale Leoncio, todo vestido de pieles.)

Leoncio   Puede la música tanto,
                        que como unicornio vengo
                        de una cueva que tengo,
                        húmeda ya con mi llanto.
                        Castigóme el cielo santo
                        con afrenta amarga y dura;
                        mas hoy en la espesura
                        ha suspendido mi pena
                        esta voz, que fue sirena
                        del mar de mi desventura.
                          A vencer los persas fui,

y en cuernos de la Luna
la rueda de la Fortuna
me subió, pero caí;
y en una plaza me vi
con una rueca en el lado;
y así, viéndome afrentado,
a los montes me subí
yo mismo, huyendo de mí
ya que le honor me ha faltado.

¿Qué ninfa por agua viene
a esta fuente clara y pura
que sueño a su margen tiene?
¡O ésta es la misma hermosura
o es la bella Mitilene!
¡Oh, dulcísima ocasión
del estado en que me veo!
¿Si es ella? ¿Si es ilusión?
¿Si es imagen del deseo
que está en la imaginación?
El corazón se ha alterado
como a su dueño ha mirado.
¡Ella es! Yo la despierto;
mas no querrá a un hombre muerto
que tal es un afrentado.
Despierta no me ha querido,
y así he de abrazarla yo
agora que se ha dormido.
Tente, apetito, eso no;
que es amor descomedido.
Entre estos lentiscos quiero
mirarla con afición,
y seré el hombre primero
que se venció en la ocasión

teniendo amor verdadero.

(Sale el Príncipe Teodosio, con dos criados.)

Teodosio
　　　　　　　Bosques oscuros, que por peregrinos
merecían los célebres pinceles
de Timantes, de Zeuxis y de Apeles,
tenido en el mundo por divinos,
　cuyos frondosos y elevados pinos,
verdes hayas, lentiscos y laureles,
cipreses imitáis los chapiteles
y os miráis en arroyos cristalinos,
　si de sombra servís a mi enemiga
cuando viene a las fiestas con despojos
de las fieras que mata en la espesura,
　decidme dónde está porque la siga
si acaso de las hojas hacéis ojos
para mirar despacio su hermosura.

Criado
Sin ser de estos montes planta,
yo podré decirte de ella.
Mírala allí.

Teodosio
　　　　　　Imagen bella
de la gloria bella y santa,
　luciendo va como viento
entre enebros y lentiscos,
[entre peñascos y riscos]
que en verla me dan tormento.
　Atad, pues, a la cruel
que claramente me mata,
más hermosa y más ingrata
que fue otro tiempo el laurel.

(Llegan y átanla a Mitilene y toma el arco Teodosio.)

Mitilene   ¿Qué es aquesto?

Teodosio   Una afición.

Mitilene   ¿Quién me ató?

Teodosio   Quien te ha adorado,
un príncipe apasionado.

Mitilene   Mejor dirás tu pasión.
  Traidores viles, villanos,
¿qué intentáis, qué pretendéis?
El miedo que me tenéis
os hizo atarme las manos,
  fantasmas del blando sueño
en que he estado divertida.
¿Qué queréis?

Teodosio   Hallar mi vida.

Mitilene   ¿Quién te la quita?

Teodosio   Mi dueño,
  yo te di mi libertad
y agora me has de querer,
o por fuerza he de vencer
tu rebelde voluntad.

Mitilene   ¿Cómo has de poder forzarla,
pues aún no la fuerza Dios?

Teodosio   Dándote muerte. Los dos

                    de un árbol podéis atarla;
                       con sus flechas ha de ser
                    muerta, si mi gusto niega.

(Átanla.)

Leoncio (Aparte.)   (Yo quiero ver dónde llega
                    el brío de esta mujer.)

Mitilene   Bárbaro, que nombre cobras
                    de traidor en pensamientos,
                    en el alma, en los intentos,
                    en palabras y en las obras.
                       Plega a Dios que te diviertan
                    el alma eternos pesares
                    y las flores que pisares
                    en serpientes se conviertan.
                       Sígate un oso herido
                    para que más bravo sea,
                    un tigre que no vea
                    los hijuelos que ha parido,
                       un toro agarrocheado
                    encuentres y un elefante;
                    que tengas siempre delante
                    un áspid recién pisado;
                       fieros leones encuentres
                    que salgan de la cuartana,
                    porque con rabia humana
                    te sepulten en sus vientres.
                       Haz desatarme, traidor,
                    y nuestras fuerzas probemos.

Teodosio   En mi pecho hay dos extremos:
                    que aborrezco y tengo amor.

        Si en la parte que te adoro
no me dan tus ojos guerra,
de las peñas de la tierra
sacaré la plata y oro;
        de las entrañas saladas
del mar, que sorbe las vidas,
sacaré perlas asidas
de conchas tornasoladas.
        Tuyas serán, tú mi dama,
mientras con rayos eternos
dore al toro el Sol los cuernos,
y el pez argente la escama.
        Pero si te demuestras fuerte,
del extraño amor que siento,
saldrá el aborrecimiento
procurándote la muerte.

Mitilene
        Rompe mi pecho, traidor,
y un pelícano seré,
que con él sustentaré
mis hijos, que es el honor.
        ¡Tira! ¡Acaba! ¡Tira!

Teodosio
                        Advierte
que en este mortal estrecho
lo que hay de la flecha al pecho
hay de la vida a la muerte.

Mitilene
        Y lo que hay del suelo al cielo
habrá de mis pensamientos
a tus cobardes intentos.

Teodosio (Aparte.)
        (Que me ha de vencer recelo.)
        A desnudarla comienza

>   que, pues presume de fuerte,
>   menospreciando la muerte
>   tema su misma vergüenza.

Mitilene
>   Leona es mi honra, villanos,
>   que ligada se defiende,
>   y con los dientes ofende
>   si está herida en las manos.
>   Perro seré, que guardando
>   este honrado proceder,
>   cuando no pueda morder,
>   llamaré gente ladrando.
>   ¡Montes, aves, plantas, fieras!
>   ¡Tened en esta ocasión
>   alma, piedad y razón!

Leoncio
>   Sí, tendrán, porque no mueras.

Criado I
>   Las hojas vienen hablando
>   a amparar a esta mujer.

Criado II
>   ¡Huye, señor!

Teodosio
>   Descender
>   quisiera al valle volando.

(Vanse el Príncipe y los criados.)

Mitilene
>   ¿Qué fiera, qué labrador,
>   qué deidad ha pretendido
>   mi defensa? Ángel ha sido
>   de la guarda de mi honor.

(Salen Filipo, mirando un retrato, y un criado.)

Filipo	Mientras que yo descanso un rato,
	pregunta por algún hombre
	a quien llamen de este nombre
	y parezca a este retrato.
	   ¡Qué espectáculo divino!
	¿No es la gloria que deseo?
	En un espejo me veo
	mirando lo que imagino.
	   Dulce juez y testigo
	de mi amorosa pasión,
	¿qué es aquesto?

Mitilene	Una traición que usó el Príncipe conmigo. Desátame, General.

Filipo (Aparte.)	(Con mi amor, esta ocasión
	   ha de perder la opinión
	   de cortesano y leal.
	      ¡En qué peligro me veo!
	   Los cielos me están mirando
	   y aquí me va despeñando
	   el caballo del deseo.
	      [El amor me ha desafiado],
	   la buena ocasión esfuerza.
	   Gozarla quiero por fuerza;
	   pero no, que soy honrado.
	      Yo la voy a desatar.)

Mitilene	¿No me desatas?
Leoncio (Aparte.)	(Ya tengo cuando a desatarla vengo,

	otro caso que mirar.)
Filipo (Aparte.)	(La ocasión es poderosa: hace al cobarde cruel, ladrón hace al hombre fiel, a la verdad mentirosa; traidor hace a el que es leal, lascivo al más contingente, riguroso a el que es clemente, y corto a el que es liberal. ¡Cuántos hombres han estado en esta resolución y una pequeña ocasión ciegos los ha derribado!) Mitilene, tu hermosura sirva a esta planta de hiedra y tú del todo eres piedra estando inmóvil y dura; desde el punto que te vi te adoré; como el soldado en las batallas que he dado, nunca la ocasión perdí. Si ves que te doy la muerte, ¿has de dejarte gozar?
Mitilene	Mil muertes pienso pasar.
Filipo (Aparte.)	(¡Una mujer es tan fuerte que la vida ha aventurado por su honra! No es razón que venza una tentación al que quiere ser honrado. Noble soy y temo a Dios, honra quiero y Dios es gloria.)

(Desátala Filipo.)

Leoncio (Aparte.) (¡Ay, Filipo, esa victoria
hemos ganado los dos!)

Mitilene   Buscando voy, deseosa,
uno que me dio la vida.
Luego vuelvo.

(Vase Mitilene.)

Filipo   Esa huída
es honrada y animosa.

Leoncio (Aparte.)   (Solo queda. La amistad
que me ha tenido consiente
que agora salga y le cuente
mi extrema necesidad.
    Como afrentado he vivido
en los montes retirado,
me siento necesitado
de dineros y vestido.
    De pasar me determino
a los persas; y así salgo
a pedir que me dé algo
para ponerme en camino.
    Pero dudo, y no estoy cierto
si con este nuevo estado
la condición ha trocado.
Mejor es llegar cubierto.
    Vergüenza y desdicha están
en el que a pedir comienza
y es más desdicha y vergüenza

                              si pidiendo no le dan.)
(Llega.)   Caballero, si hay piedad
                              en los capitanes fuertes,
                              mi vida está entre dos muertes:
                              agravio y necesidad.
                                Yo, como vos, fui soldado
                              y tuve riqueza alguna,
                              pero la adversa Fortuna
                              soberbia me ha derribado.
                                Rico pensaba morir
                              y ya vivo pobremente
                              si no soy como la fuente
                              que baja para subir.
                                Otro es ya lo que yo fui;
                              lo que fueron otros soy.
                              Mandé en el mundo y ya estoy
                              sin poder mandarme a mí.
                                Envidiáronme el estado;
                              mas ya es mayor en la gente
                              la lástima del presente
                              que la envidia del pasado.
                                Di otro tiempo y no pedí;
                              no era pobre aunque más diera,
                              y agora rico estuviera
                              con lo menos que yo di.
                                Fue mi estado como un sueño
                              que gozándolo soñé,
                              y perdido desperté
                              y halléle en otro dueño.
                                Fui arcaduz, siendo mío,
                              lleno. En la rueda subió
                              y en otro el agua se vio,
                              y así he bajado vacío.
                                Hoy me obliga a que te pida

limosna. Así tu privanza
no padezca la mudanza
de mi desdichada vida.

Filipo   Tú has mostrado en el cubrir
el rostro que noble has sido,
porque siempre al bien nacido
causa vergüenza el pedir.
  Quien viendo al necesitado
a darle no se comide
y a el que con vergüenza pide,
aunque lo pida prestado,
  noble no se ha de llamar.
Y así será caso cierto
que tú has de pedir cubierto
y que yo tengo de dar.
  Yo en la corte voy subiendo;
mas con miedo de vivir
porque he encontrado al subir
otro que viene cayendo.
  Lo que con favor se gana
decir no se puede estado
sino dinero prestado
que es de otro dueño mañana.
  Y así, el mío te daría,
mas tanto de él desconfío,
es tan común, que hoy es mío
y tuyo será otro día.
  Un grande amigo se vio
en mi peso, en mi privanza;
bajó al mundo su balanza
y así en otra subí yo.
  Procura, pues, remediarte
con esos pobres despojos.

(Dale un bolsillo.)　　　Más te diera, y aun los ojos
　　　　　　　　　　　sus lágrimas quieren darte,
　　　　　　　　　　　　el corazón su piedad,
　　　　　　　　　　　los brazos un lazo estrecho,
　　　　　　　　　　　su misma vida mi pecho,
　　　　　　　　　　　y el alma su voluntad,
　　　　　　　　　　　　mas ya que en adversidades
　　　　　　　　　　　a ejemplo imitas muy bien,
　　　　　　　　　　　imítalo aquí también
　　　　　　　　　　　en recibir voluntades.
　　　　　　　　　　　　Y el irme así no te asombres
　　　　　　　　　　　que el corazón me has quebrado
　　　　　　　　　　　en verte tan desdichado
　　　　　　　　　　　que has menester otros hombres.

(Vase Filipo.)

Leoncio　　　　　　　Es pedir mal tan airado
　　　　　　　　　　　que, después de haber pedido,
　　　　　　　　　　　y con haber recibido
　　　　　　　　　　　tiemblo de haberlo pasado.

(Sale Mitilene y Leoncio se cubre.)

Mitilene　　　　　　　Si no hay causa que lo impida,
　　　　　　　　　　　honra y luz de los mortales,
　　　　　　　　　　　yo te pido agradecida
　　　　　　　　　　　esas mano liberales
　　　　　　　　　　　que saben dar una vida.
　　　　　　　　　　　　Más tu venida me honró
　　　　　　　　　　　que el padre que me engendró,
　　　　　　　　　　　porque si yo la perdiera
　　　　　　　　　　　mayor mi deshonra fuera
　　　　　　　　　　　que la honra que él me dio;

	y si saberla guardar
es más que darnos la honra,
padre te puedo llamar
que en guardarme vida y honra
hoy me vuelves a engendrar.
¿Quién eres?
Leoncio	Dos fui y soy uno.
Mitilene	Extraña naturaleza:
dos hombres asido en uno.
Leoncio	Dos fuimos yo y mi riqueza;
ya soy pobre y soy ninguno.
Mitilene	¿Tanto has sentido el perder
que pierdas también el ser?
Leoncio	Sí, que en haberlo perdido
tan otro soy de el que he sido
que no me has de conocer.
Mitilene	¿Qué es tu riqueza perdida?
Leoncio	Vida y honra.
Mitilene	¡Gran deshonra!
¿Quién fue causa?
Leoncio	Tu venida.
Por ella perdí mi honra,
quizá mi hacienda y mi vida.
Mitilene	Si te la puedo volver,

| | como sin deshonra sea, |
| | pídeme. |

Leoncio	Podrás hacer
	lo que mi pecho desea
	sin ganar y sin perder.

| Mitilene | Harélo pues, pero advierte |
| | que tengo de conocerte. |

| Leoncio | Cuando ya vivir me sienta. |

| Mitilene | ¿No vives? |

Leoncio	No, que una afrenta
	es mayor mal que la muerte.
	[No me pidas más, señora.

Mitilene	Mi sortija te daré].
	Esta será desde agora
	prenda y fe.

(Dale una sortija.)

| Leoncio | Estará esa fe |
| | en el alma que te adora. |

(Vase Leoncio. Salen Heracliano y Heraclio y los músicos cantando.)

| Músicos | «El alba en las flores su aljófar vierte |
| | para la cabeza de Mitilene.» |

| Heracliano | Todos guirnaldas te hacen |
| | de flores cultivadas; |

            amapolas encarnadas
            entre los trigos se nacen;
               romero que en las montañas
            flor [olorosa] nos deja
            de quien saca miel la abeja
            y ponzoña las arañas;
               flor de gayomba amarilla
            [verde aún en el invierno];
            toronjil y trébol tierno
            que nos quita la polilla;
               poleo, con que las garzas
            suelen purgarse en las selvas;
            [....
            ...]
               [...
            ....]

Heraclio   Flores son, pero ningunas
             tan finas como mi amor.

Mitilene   Por esas flores pudieras
             hallarme ya de otra suerte.

Heraclio   ¿De qué modo?

Mitilene   Con la muerte.

Heraclio   ¿Siguiéronte algunas fieras?

Mitilene   Más que fieras un traidor
             que me ha ligado durmiendo;
             pero no volverá. Huyendo,
             él probará mi valor.

Heracliano	Es tanto tu atrevimiento
que ya este viejo desea
saber quién tu origen sea.
Mitilene	Contarélos, estáme atento:

    Yo, famoso Heracliano,
nací en el reino de Persia,
y el cielo me dio aquel nombre,
la desdicha y la nobleza.
Gozó el Rey una serrana,
enamorándose de ella,
que es el Rey como le muerte,
que no tiene resistencia.
Encinta quedó aquel día,
y ojalá el cielo le diera
la esterilidad de Sara
aunque entonces no era vieja.
Cumpliéronse nueve meses,
llegó mi parto, y mi estrella
me sacó al mundo, llorando
sus desdichas y miserias.
Nací, pues, y fui criada
entre los montes y fieras,
y así a la guerra y a la caza
me inclinó naturaleza.
Cazando el Príncipe un día,
con el calor de una siesta,
llegó a la sombra de un pino
y me vio durmiendo en ella.
Desperté sin conocerle;
me avergoncé en su presencia,
que naturalmente todos
a su Príncipe respetan.

La majestad de los reyes
es tan grande y tan severa,
que aunque no los conozcamos,
no provoca reverencia.
Pero la sangre real
que da vida a nuestras venas,
nos dio la afición entonces
con su amistad estrecha.
Nunca fue el Príncipe a caza
que yo a su lado no fuera,
ni sin tenerme presente
descansó en la verde hierba.
Al fin llevóme a la corte;
fui sin gusto, porque en ella
anda la verdad vestida
con máscaras de vergüenza.
Después en su compañía
iba también a las guerras
y más de cuatro naciones
de solo mi nombre tiemblan.
Creció nuestro mutuo amor
cuando supimos quién era,
y apartónos la Fortuna
con sus mudanzas adversas.
El desdichado Leoncio,
que agora llora su afrenta,
desterrado del imperio,
llegó una noche a mi tienda.
Defendíme de sus brazos,
pero vine sin defensa
por dos livianas heridas
y fui en las suyas presa.
Nunca el Príncipe, mi hermano,
me vio, porque las tinieblas

　　　　　　　　de la noche lo impedían,
　　　　　　　　y el ser su victoria cierta.
　　　　　　　　Pero después no ha sabido
　　　　　　　　de mí; que, si lo supiera,
　　　　　　　　mi libertad procurara
　　　　　　　　a costa de su cabeza.

Heraclio　　　　Detente, no digas más;
　　　　　　　　calle, señora, tu lengua
　　　　　　　　porque me llevas el alma
　　　　　　　　a tus razones atenta.
　　　　　　　　Nunca el Rey enamorado
　　　　　　　　tu dichosa madre viera,
　　　　　　　　nunca gozara aquel día
　　　　　　　　su recatada belleza;
　　　　　　　　nunca tuviera ocasión
　　　　　　　　de gozarla; nunca fuera
　　　　　　　　tan generoso y fecundo,
　　　　　　　　para que tú no nacieras;
　　　　　　　　nunca el Príncipe cazara;
　　　　　　　　nunca llevarte quisiera
　　　　　　　　a la guerra ni a la corte;
　　　　　　　　nunca al imperio vinieras.
　　　　　　　　Y ya que todo fue así,
　　　　　　　　para darme mayor pena,
　　　　　　　　nunca te vieran mis ojos
　　　　　　　　que en vano tu luz desean.
　　　　　　　　Pluguiera al eterno cielo
　　　　　　　　que humildes padres te diera
　　　　　　　　el generoso principio
　　　　　　　　que tiene ya tu grandeza.
　　　　　　　　Fuera un villano tu padre,
　　　　　　　　tu patria una noble aldea,
　　　　　　　　tu sangre como la mía

porque yo te mereciera,
que ya un tosco labrador
no es posible que merezca
mirar el rostro divino
de una gallarda Princesa.
¡Esperanzas mal logradas!
¡Imaginaciones muertas!
¡Afición desengañada!
¡Loco amor, alma indiscreta!
Pero si los propios hechos
suelen suplir la nobleza,
que a los que nacen humildes
la naturaleza niega,
a los ejércitos voy.
¡Y por el Dios que gobierna
un mundo, cuatro elementos,
once cielos y una Iglesia!,
que en las ásperas montañas
no has de verme hasta que tenga
ganadas por estas manos
honra propia y fama eterna.
Mis hazañas han de darme
lo que a ti naturaleza,
si acaso querrás entonces
que tus favores merezca.

(Vase Heraclio.)

Mitilene   Escucha, Heraclio, detente.

Heracliano   Hijo, aguarda, oye, espera.
                Una vez determinado,
                difícil será su vuelta.
                ¡Ah, sangre conocida,

	cómo te inflamas y alteras
con la bizarra memoria
de generosas empresas!
Algún día querrá el cielo...
Mitilene	¿No es labrador?
Heracliano	Sí, que siembra
esperanzas de un imperio
y ha de coger fruto de ellas.

(Vanse. Salen el Emperador Mauricio y un criado.)

| Criado | La Emperatriz, mi señora,
viene a verte. |
|---|---|
| Mauricio | Enhorabuena,
que si ha llegado mi hora,
culpas que esperan tal pena
piden tal intercesora. |

(Siéntase. Sale la Emperatriz Aureliana.)

| Aureliana | Llámame Tu Majestad
y así he venido, señor,
a tu voz con humildad,
con paciencia a tu rigor
y con gusto a tu piedad.
  Bien puedes ser riguroso,
que tanto como piadoso
te he de querer y estimar. |
|---|---|
| Mauricio | Hoy ha empezado a temblar
mi corazón animoso. |

Devota, santa, piadosa,
pacífica, religiosa,
discreta, humilde, obediente,
mártir que sufre paciente
mi condición rigurosa,
　　ruega a Dios, pues es tu amigo,
que en la muerte que me envía
se resuelva mi castigo;
ampárame, santa mía,
yo mismo fui mi enemigo.
　　Ave soy, que no he volado
porque, del cebo engañado,
en la red del mundo di;
pez he sido, que me así
del anzuelo del pecado.
　　Nave del mundo es mi pecho,
que de vicios se cargó;
mas ya llegando al estrecho,
mis pensamientos y yo
pedazos nos hemos hecho.
　　Árbol he sido lozano
que en flores pasé el verano,
pero el invierno ha venido
y sin fruto me ha cogido,
que tal es un mal cristiano.
　　Ha sido con propiedad
primavera mi [niñez],
otoño mi mocedad,
y así será mi vejez
el invierno de mi edad.
　　Virgen he sido dormida,
que sintiendo la venida
del Esposo, desperté,
y sin aceite hallé

la lámpara de mi vida.
  Préstame lo que has guardado,
Virgen cuerda, mujer fuerte,
que ya mi Esposo ha llamado
a las puertas de la muerte
y temo verle enojado.

(Levántase, y salen Filipo y Focas, labrador.)

Filipo
Con diligencias no pocas,
entre los montes y rocas
un labrador he hallado
con las señas que me has dado
y con el nombre de Focas.

Mauricio
  Este es el mismo villano
que yo soñaba; éste viene
a ser conmigo inhumano.
¡Qué extraño aspecto que tiene!
¡Cómo parece tirano!
  Tiemblo de haberle mirado;
éste será mi cuchillo.

Filipo
Con su muerte estás guardado.

Mauricio
¿Cómo podré yo impedillo
si Dios lo ha determinado?

Filipo
Es un cobarde.

Mauricio
            Pues de él
será razón que se guarde
el valiente y el fiel,
porque siempre, el que es cobarde

                        es traidor y así es cruel.
                            Mas yo no me he de guardar;
                        mis culpas quiero pagar
                        y a mi Dios tendré contento,
                        regalando el instrumento
                        con que me ha de castigar.
                            ¿Quién eres?

Focas   Un monstruo fui.

Mauricio   ¿Y tus padres?

Focas   Mi fortuna
                        y el mar, porque en él nací,
                        y una barca fue mi cuna
                        hasta que a tierra salí.
                            Un pescador me sacó
                        y como a mí me crió
                        con palmas y verdes ovas
                        y leche de mansas lobas,
                        soy melancólico yo.
                            Con esta melancolía
                        me suele dar un furor
                        que imagino cada día
                        que mato al Emperador.
                        Esta locura es la mía.
                            Salí, criéme, y crecía;
                        entre estos montes viví;
                        en tus palacios estoy;
                        yo mismo no sé quién soy
                        quién he de ser ni quién fui.

Mauricio   Este prodigio se note.

Filipo	Mátalo, ten confianza; tu sangre no se alborote.
Mauricio	Mira que es mala crianza quitarle a Dios el azote.
Filipo	Si es, al contrario, mentira cualquier suceso soñado, en él se convierta.
Mauricio	Mira que tengo a Dios enojado y será darle más ira.
Filipo	La defensa es natural y hasta el bruto irracional quiere conservar la vida.
Mauricio	Mata, pues, a mi homicida. Pero no, que es mayor mal. Si he de pagar de esta suerte mis pecados, ¿no es mejor que los pague con la muerte?
Filipo	Dios perdona al pecador.
Mauricio	Mátalo. Mas oye, advierte Si Dios me ha de castigar, y yo le quiebro esta vara, ¿otra le puede faltar?
Filipo	Claro está, no faltara.
Mauricio	Pues no le quiero matar.

Filipo	Quizá Dios te ha perdonado.
Mauricio	Dale la muerte. Detente. ¿No será mayor pecado matar a un hombre inocente en sueños solo culpado? Viva pues.
Filipo	Temo, señor, tus sueños.
Mauricio	También los temo; dale muerte.
Focas	¿Qué rigor, qué mal, qué agravio, qué extremo cometió este labrador?
Mauricio	Déjalo, bien dice. Espera, no me niegue Dios su luz; darle un abrazo quisiera por abrazarme a la cruz donde Dios quiere que muera. Llégate a mí, labrador, llégate, que ya es amor la amenaza de matarte; llega, que quiero abrazarte.
Focas	Pues, ¿cómo a mí, gran señor?
Mauricio	Tus brazos un lazo son de mi vida muy estrecho. ¡Ay, Dios, qué extraña pasión!

　　　　　　　　　Un gran mal siento en el pecho
　　　　　　　　　que me abrasa el corazón.
　　　　　　　　　　Si a ser mi muerte has venido
　　　　　　　　　con el temor que he tenido
　　　　　　　　　vencer mi muerte pretendo;
　　　　　　　　　que no la teme muriendo
　　　　　　　　　quien viviendo la ha temido.
　　　　　　　　　　Como un hombre de importancia,
　　　　　　　　　regalado ambos a dos,
　　　　　　　　　perdónete tu ignorancia.

Focas　　　　　　¿Qué es aquesto?

Aureliana　　　　　　　　　　Déle Dios
　　　　　　　　　su don de perseverancia.

(Vase Focas.)

Mauricio　　　　　　Figura que, pasando el tiempo, engaña,
　　　　　　　　　flor que marchita el caluroso estío,
　　　　　　　　　ampolla hecha en el agua ya por frío,
　　　　　　　　　correo de la muerte, débil caña;
　　　　　　　　　　sombra que hace tela de una araña,
　　　　　　　　　ave ligera, despeñado río,
　　　　　　　　　hoja del agua y veloz navío
　　　　　　　　　que navega este mar a tierra extraña;
　　　　　　　　　　un punto indivisible, un breve sueño,
　　　　　　　　　corrido sueño y muerte prolongada
　　　　　　　　　es la vida del hombre desabrida.
　　　　　　　　　　¡Miserable de mí!, si es tan pequeño
　　　　　　　　　el curso de mi edad, que es casi nada,
　　　　　　　　　¿por qué pasé tan mal tan corta vida?

(Vanse.)

Fin de la segunda jornada

Jornada tercera

(Sale un ejército de soldados en orden de guerra, y el parche tocando adelante, detrás dos capitanes.)

Capitán I   ¡Rimbombe el son del sonoroso parche,
                          publicando el motín que se ha movido!

Capitán II   El ejército quiere que elijamos
                          emperador que ampare nuestra iglesia.

Capitán I   Desnúdase la púrpura Mauricio
                          y muera en su vejez su infame vicio.

(Tocan cajas, y sale Leoncio vestido de pieles con una rueca.)

Leoncio   Romanos, capitanes del ejército,
                          los que siempre mostrasteis vuestros ánimos
                          en caso de fortuna adversa o próspera,
                          soldado valerosos que el Imperio
                          tenéis en vuestros hombros, conservándole
                          contra las fuerzas de naciones varias,
                          mirad de la Fortuna el espectáculo,
                          que las entrañas de los montes ásperos
                          enternecer podrán, causando lástimas;
                          contemplad la ruina y la miseria
                          de un hombre que se vio en los Elíseos
                          y resbalando por los aires lóbregos
                          al abismo bajó, profundo y cóncavo;
                          estimado me he visto entre los césares
                          que solo me faltó vestir la púrpura,
                          y agora entre las bestias más selváticas
                          alimentos me dan silvestros árboles;
                          Leoncio soy, si duran las relíquias

de este nombre infelice en las memorias;
miradme, si podéis, no dando lágrimas;
contemplad de mi vida el caso trágico.
Yo fui el que vencí los medos y árabes,
yo puse el yugo a la cerviz indómita
de los partos feroces y los vándalos,
y del imperio dilaté los límites;
un segundo Jasón del mar de Océano
me llamaron a mí los fuertes húngaros,
y vosotros, un Hércules católico,
que al mundo daba vueltas, hecho un émulo
del Sol, que vueltas da por los dos trópicos;
mas ya después que el infinito número
de los persas venció nuestros ejércitos,
lloro mi afrenta triste y melancólica;
veis aquí el premio de mis nobles méritos.
Éste es el triunfo raro y honorífico,

(Saca la rueca.) éste es el galardón que dan los príncipes,
y aqueste el corazón, que con espíritu
pensaba de imitar a los elíopos.
Con esta débil rueca se vio en público.
Capitanes invictos y magnánimos,
¿qué premios esperáis de un Rey colérico?
Agravio es vuestro y yo muero llorándolo;
si aunque el mundo venzáis del Austro al ártico,
y de nuevo ciñáis a los antípodas,
discrepando una vez de casos prósperos,
mi afrenta habéis de ver en vuestros ánimos.
¿No os lastima mi mal? ¿No os causa cólera?
¿No altera vuestra sangre esta ignominia?
¿No lloran vuestros ojos, apiadándose?
¿No late el corazón sus alas próvidas?
En vuestros pechos fuertes, ya tan fáciles,
si ya el Emperador es otro Cómodo,

	e imita con sus vicios a Heliogábalo,
	¿qué esperáis, capitanes, defendiéndole?
	Elegid, elegid otro pacífico,
	justiciero, clemente, afable y próspero.
	Mauricio en el gobierno está decrépito,
	aunque en la vida sigue a los soberbios.
	Mírenme todos ya, compadeciéndose,
	vestido de unas pieles, como sátiro,
	huyendo de las gentes, más que un bárbaro.
	Eximid, eximid nuestra república
	del tirano poder de aqueste sátrapa
	que a Roma desampara y al pontífice.
	¡Viva la gloria del eterno artífice!
Capitán I	¡Viva Leoncio! ¡Désele el Imperio,
	la púrpura se vista!
Todos	¡Viva, viva!
Capitán II	Mauricio es avariento y no nos paga;
	un soldado queremos que gobierne
	el Imperio de Oriente.
Todos	¡Viva, viva!
Leoncio	Ejército romano, yo no pido
	que carguéis esa máquina en mis hombros;
	no soy Hércules yo, no soy Atlante,
	que sufra tanto peso en mis espaldas.
Todos	A Leoncio queremos.
Capitán I	El ejército
	da voces, eligiéndote. Corona

tus sienes de laurel. Púrpura viste.

(Pónenle una corona de laurel y levántanle en hombros.)

Leoncio ¿En efecto el ejército me elige?

Todos Sí.

Leoncio ¿Soy Emperador?

Todos ¡Viva Leoncio!

Leoncio Pues que ya de común consentimiento
el Imperio me dais, y yo lo acepto,
lo primero que mando es que Leoncio
no viva ya afrentado, y a mi cargo
tomo su agravio y honra; su persona
por leal al Imperio le declaro,
y pues no tuvo culpa en ser vencido,
bastón de General le restituyo.
¿Venís en ello?

Capitán II Siendo tú Leoncio,
y siendo Emperador, venga tu agravio.

Leoncio No es bien que Emperador y alto Monarca
satisfaga el agravio de Leoncio,
y ya que General honrado vivo,
el Imperio, la púrpura renuncio,
porque el mundo entienda que no pretendo
riqueza ni interés, sino el bien público.
Mi nombre, pues, venció mi ánimo altivo.

(Quítase la corona.)

Capitán I	¿Quién lo ha de ser?
Soldado I	Justino.
Capitán I	Es muy cobarde.
Soldado II	Filipo, el general.
Capitán I	No querrá serlo.
Capitán II	Germano V sea.
Soldado II	Es avariento.
Capitán II	Persio IV.
Soldado II	Es loco.
Leoncio	Demeterio.
Capitán I	Es muy cruel.
Soldado I	Sea Liberio.
Soldado II	Es viejo.
Leoncio	Tómense votos, llámese a consejo.

(Tocan cajas, y viene una águila volando y trae una espada en los pies, y déjala caer en el tablado.)

¿Quién ha visto prodigio semejante?
Una águila caudal entre las uñas

	una espada se lleva. Ya la deja en medio del ejército, y ligera, la lóbrega región del aire corta, oponiéndose al Sol con ojos firmes. La espada levantemos.
Capitán II	Letras de oro al pomo de la espada están grabadas.
Leoncio	¿Y dicen?
Capitán II	«Tenla y Reina solo un día.»
Leoncio	¡Temeroso portento! La cuchilla, ¿qué tal es?
Capitán I	En la vaina está aferrada; que mi fuerza no basta a desasirla.
Capitán II	Pruebo a sacarla yo. ¡Difícil caso!
Leoncio	Dámela a mí también; es imposible. Capitanes, ya entiendo este prodigio; esta espada se cuelgue de este árbol y todos los soldados uno a uno a quitarle la vaina lleguen luego, y aquel que desnudarla mereciere, es el dueño, sin duda, a quien el cielo esas letras escribe, y quien conviene que el Imperio gobierne.
Capitán I	Bien has dicho; pongámosla en los ramos de este árbol, y a recoger se toque porque lleguen

                        los soldados al campo no vencido.

(Tocan cajas y cuelgan la espada.)

                        ¡Oh, Fortuna mudable! Ayuda agora
                        aqueste corazón, brazos y pecho.
(Tira fuertemente.)   ¡Mal haya mi desdicha! No la arranco.

Soldado I   Brazos y manos, yo seré Cosroes,
                        un Escévola he de ser y he de quemaros
                        si no la desnudáis.
(Tira.)   ¡Oh, voto a Cristo!

Soldado II   Hoy pienso renegar de mi fortuna
                        si no la desenvaino.
(Tira.)   ¡Voto al cielo,
                        que es arrancar un monte! Hoy reniego
                        mil veces de mí mismo y de mi fuerza.

Capitán II   Águila parda, que en tus uñas negras
                        diste la espada, si eres algún diablo,
                        vuelve por mí si no la desenvaino.
(Tira.)   Mas ya puedes volver, que soy un puto.

(Sale Focas, desnudo, con un cordel.)

Focas   Inconstante Fortuna, cielo airado,
                        ¿qué pretendes haber de un miserable
                        que en el mundo no cabe su desdicha?
                        Soberbio mar, ¿por qué me anegaste
                        en las hinchadas olas, que criaban
                        tus espumas azules y salubres,
                        cuando de ti nací, como otra Venus?
                        Fieras del monte, ¿cómo me negastes

            el funesto sepulcro en las entrañas
            cuando lecho me disteis desabrida?
            Nunca sintiera tanto la miseria
            en que agora he venido, y no me viera
            aborrecido del linaje humano.
            Árboles verdes, sustentad mi cuerpo;
            tú, lazo estrecho, aprieta mi garganta.
            Ciega el órgano ya, por donde expira
            el pulgón de este cuerpo desdichado.

(Pone el cordel en la rama y échasele al pescuezo.)

Capitán I   ¡Oh, bárbaro sin fe, espera! ¿Qué intentas?

Focas   Dar desdichado fin a mis desdichas.
                       Rematar una vida lastimosa
                       que aborrecen los hombres y los cielos.

Capitán II   ¿Por qué pierdes agora la paciencia?

Focas   Porque naciendo, no conozco padres.
                       Porque viviendo, nunca tengo gusto.
                       Porque estando en los montes con pobreza,
                       el pasado bochorno del estío
                       y la nevada escarcha del enero,
                       a los palacios de Mauricio vine,
                       y siendo de su mano regalado,
                       el Príncipe, envidiando mi desdicha,
                       aun los pobres sayales me ha quitado
                       y me escapé huyendo de la muerte.

Leoncio   Dinos tu nombre.

Focas   Yo me llamo Focas.

Leoncio

> Un hombre que nació tan infelice
> algún suceso no pensado espera.
> Llégate a desnudar aquella espada.

Soldado I

> ¿Un bárbaro que está desesperado,
> y que casi le quitan de la horca,
> también ha de probar y entrar en suerte?

(Desenvaina Focas la espada y suena dentro un trueno.)

Leoncio

> ¡Válgame Dios, qué prodigio extraño!
> ¡Focas, Emperador!

Capitán I

> El cielo quiere
> que Emperador tengamos prodigioso.

Soldado I

> ¡Focas, víctor!

Capitán I

> Corónense sus sienes
> del precioso laurel que Roma estima.
> ¡Víctor es Focas!

Todos

> ¡Viva, viva Focas!

(Levántanle en hombros.)

Focas

> Soldados, capitanes valerosos,
> ¿burláis de mí?

Capitán I

> Si tuyo es el imperio,
> de púrpura te viste, y con diadema
> adorna la cabeza, que es del mundo.
> De la silla quitemos a Mauricio.

| | Focas la ocupe y acometa al campo
             a los muros que honró Constantinopla. |

Focas   Cielos eternos, ¿cómo tenéis juntos
             los extremos mayores de este mundo?
             ¡Ah, rueda de Fortuna variable,
             vueltas extrañas das! Tente, Fortuna.
             ¿Emperador soy ya?

Todos   Sí, ¡viva Focas!

Focas   Mauricio, ¿no lo es?

Todos   ¡Muera Mauricio!

Focas   Yo acepto; acometamos al palacio
             porque quiero emprender la monarquía
             aunque me dure solo un breve día.

(Llévanle en hombros los soldados.)

Leoncio   Aunque a Mauricio persigo,
             me desmaya y desatina
             su riguroso castigo;
             que al bien nacido lastima
             el daño de su enemigo.
                Dejar pienso descuidado
             el ejército alterado,
             y todo lo que es mal hecho,
             aunque venga en su provecho,
             le aborrece el que es honrado.

(Sale Heraclio.)

Heraclio	¿Quién gobierna en el real?
Leoncio	Yo. ¿Hete parecido mal?
Heraclio	Tu persona, no tus pieles. En ejércitos crueles una fiera es general.
Leoncio	¿Qué quieres?
Heraclio	Ser alistado.
Leoncio	¿Cansóte el ser labrador?
Heraclio	Siento en mí un ánimo honrado y aspiro a más.
Leoncio	Es valor. Sígueme, nuevo soldado.

(Vanse. Salen el Emperador Mauricio y el Príncipe Teodosio.)

Teodosio	[De] emperador inhumano y no de padre piadoso es tu amor.
Mauricio	Es cortesano. No vivas tan envidioso de Filipo y de un villano; porque dar algún favor a un soldado, a un labrador, es premio y es regocijo; no por eso para el hijo me ha de faltar el amor.

                Mis regalos no merece
                tu perversa condición,
                pues cuando el hijo parece
                que sigue su inclinación,
                aún el padre le aborrece.

Teodosio   ¿Yo soy tu hijo?

Mauricio   Te crío
                por tal, y en tu madre fío.
                Si la Emperatriz no fuera
                tu propia madre, creyera
                que no era tú hijo mío.
                  Y ella es santa y te parió,
                pero a tu padre pareces
                porque soy muy malo yo.

Teodosio   Un hijo al fin aborreces
                que siempre te aborreció.

Mauricio   ¿Me aborreces?

Teodosio   Sí, y desea
                mi corazón...

Mauricio   ¿Qué?

Teodosio   Tener
                [tu mismo imperio.

Mauricio   ¡Así sea!]
                Pero si malo has de ser,
                hecho pedazos te vea.

(Tocan a rebato. Sale Filipo, alborotado.)

Filipo
César invicto, tu peligro nota,
que eres hombre, aunque Rey; teme la muerte,
que el ejército infame se alborota,
y el vulgo novelero ha de ofenderte,
perdida la vergüenza y la fe rota.
¿Quién puede resistirlos? Huye, advierte,
que el animoso, prevenido tarde,
hace al valiente tímido cobarde.
  El confuso tropel desordenado
al que tiene tu voz derriba y mata;
el erario común ha despojado,
que es prodigio el amor de ajena plata.
Con cólera y furor desenfrenado
alcázares derriba y desbarata.
En efecto, señor, sus viles bocas
callan tu nombre y apellidan Focas.
  El vulgo, como toro, en voz del Papa
te viene a acometer. No son eternos
los reyes. Si no es Dios, nadie se escapa.
Sacude por los hombros los gobiernos,
el mundo universal sirve de capa.
Has dejado el Imperio entre los cuernos;
correr podrás sin carga [nutrida],
que el más dulce Reinar es tener vida.

Mauricio
Ampara a el que te engendró,
templa esas entrañas fieras.

Teodosio
Fénix soy, «César o no»;
que he menester que tú mueras
para que empiece a vivir yo.

Mauricio	Hijo, en tu amparo me fundo.
Teodosio	Soy un Hércules segundo, tú, viejo Atlante, y por eso te quiero quitar el peso de la máquina del mundo. Sin duda el vulgo desea que Emperador venga a ser.
Mauricio	Plega al cielo que así sea; pero si malo has de ser, hecho pedazos te vea.
(Vase Teodosio.)	Filipo, pues me tuviste siempre, como noble, amor, el ejército resiste.
Filipo	Escóndete ya, señor, que tus palacios embiste.

(Vase el Emperador y tocan al arma. Salen a la puerta algunos soldados y Filipo los detiene.)

	Pueblo ciego y atrevido, ¿no veis que traición ha sido?
Soldado I	La libertad se desea.
Filipo	el Rey, aunque malo sea, ha de ser obedecido. ¿Por qué la espada se toma contra nuestro Emperador?
Soldado II	Porque con tributo doma la gente, y no dio favor

>   al Pontífice de Roma.

Filipo   Ya le dio, volveos atrás.

(Sale el Emperador y retírales.)

>   Señor, ¿adónde te vas?

Mauricio   Aunque huyendo así me fui,
                         confuso me vuelvo atrás.

Filipo   Vete, no te hallen aquí.

(Vase el Emperador.)

Soldado I   Prenderle tenemos.

Filipo   Antes
                         con sangre habéis de ablandar
                         esos pechos de diamantes.

Soldado II   Servirános de incitar
                         que somos como elefantes.

Filipo   Tente, ejército cruel;
                         que he de morir antes que él.

(Retíralos y sale Mauricio.)

>   Huye, ¿no ves lo que pasa?

Mauricio   Es laberinto mi casa
                         que no acierto a salir de él.
                             Huyo y vuelvo turbado

>   al mismo puesto. ¡Ay de mí!
>   ¡Pecador y desdichado!

(Vase el Emperador.)

Filipo   Soldados, vengo yo así
                       porque es de Dios solo el dado.
                          Y aquel rigor y malicia
                       con máscara de justicia
                       os ha cubierto los ojos.
                       Quebrad en estos despojos

(Vales dando la capa y la ropilla, una cadena, las sortijas y la bolsa.)

>   la cólera y la codicia.
>   Templad, templad vuestros [hechos];
>   saquen estos eslabones
>   lumbres de fe en vuestros pechos.

(Torna a salir el Emperador Mauricio.)

>   ¿En el peligro te pones?
>   Escóndete en [estos techos].
>   Huye, señor, de palacio
>   mientras que yo los regracio.
>   Tomad. Tomad.

Soldado II   Vuelta al juego.

(Vanse los soldados con las prendas.)

Mauricio   Huí de prisa, mas luego
                       aquí me vuelvo despacio.
                          La majestad ofendida

                    de mi Dios me causa asombros.

Filipo   Sube en mi espalda atrevida,
                    que Atlante serán mis hombros
                    de los cielos de tu vida.
                       Aunque me huelles y pises,
                    a la parte que ir deseas,
                    será con que me avises
                    que soy como católico Eneas
                    de un viejo y cristiano Anquises.
                     Tu libertad así fundo,
                    huyendo iremos los dos,
                    pues soy Cristóbal segundo,
                    y tú pareces a Dios
                    porque pesas más que un mundo.
                     Mover no puedo la planta.

(Prueba andar con el Emperador a cuestas y no puede.)

                    ¡Quién fuera agora Atalanta
                    o Dédalo en el andar!

Mauricio   A quien Dios quiere humillar,
                    en vano el hombre levanta.

Filipo   Montes sustento pesados
                    y el dejarte me lastima
                    entre bárbaros soldados.

Mauricio   Bien dices, que traes encima
                    el monte de mis pecados.
                     Poco importa tu servicio
                    si la mudable Fortuna
                    me derriba, si es su oficio,

        y no basta una coluna
        por tan bajo edificio.
           ¿Qué confusos sobresaltos
        son estos? De mal tan fuerte
        no estamos los reyes faltos,
        que es como el rayo la muerte
        que rompe edificios altos.

(Sale la Emperatriz Aureliana y la Infanta Teodolinda.)

           ¡Ay, hija amada!, quisiera
        que el ejército tuviera
        benignidad de elefante
        para ponerte adelante
        como inocente cordera;
           mas el lobo hace la presa
        en el cordero mejor.
        Llévalas, Filipo, apriesa,
        y vivan por tu valor
        la Emperatriz y Princesa.

Aureliana   Huyamos, aunque primero,
        por si vives y yo muero,
        digo, señor, que temiendo
        el caso que estamos viendo,
        he guardado tu heredero;
           a Teodosio no parí;
        Heraclio es el que he parido,
        que está en los montes; y así,
        porque sea conocido
        tu sortija real le di,
           y Heracliano le cría.
        Perdona y guárdete Dios.

Mauricio	Extrañas nuevas me envía.
	Procurad vida a los dos
	y mejor que fue la mía.
Aureliana	Vete, señor, a esconder.

(Abraza la Emperatriz Aureliana al Emperador Mauricio.)

Mauricio	No es posible lo que dices.
	Soy árbol que en mal hacer
	eché en el mundo raíces
	y no me puedo mover.
Teodolinda	Abrazos y alma pretendo
	darte, siempre agradecida.

(Abraza Mauricio a su hija.)

Mauricio	Los brazos estás haciendo
	puntales, porque es mi vida
	pared que se está cayendo.
	Llévalas, Filipo, luego
	que en lágrimas las anego.
Filipo	Salgamos a las montañas.
Teodolinda	Bañando van mis entrañas
	montes de nieve y de fuego.
Mauricio	La muerte habéis de temer,
	que es toro que está en la plaza,
	y yo la capa he de ser
	que mientras me despedaza
	en cobro os podéis poner.

(Vanse la Princesa Teodolinda, la Emperatriz Aureliana y el General Filipo. Salen Focas, los Capitanes y Soldados, Heraclio y el Príncipe Teodosio y tocan cajas.)

Capitán I
Todo el palacio rendido
tienes ya.

Focas
Verme deseo
de la púrpura vestido,
ya que en la rueda me veo
de la Fortuna subido.

Capitán II
¿Cómo Mauricio no muere?

Soldado I
Deja esa ropa, que quiere
vestirla el Emperador.

Mauricio
Si la merece mejor,
Dios le guarde y prospere.
  Cabeza he sido de Europa;
mas a quitármela viene
el ejército de tropa
y hombre que cuerpo no tiene.
Bien podrá pasar sin ropa.

Soldado II
Déjanos, señor, ponerte
esta ropa.

Teodosio
¡Feliz suerte!

Mauricio
Pues venís a desnudarme,
bien cerca estoy de acostarme
en la cama de la muerte.

Focas	Para quitar la ocasión
de que se me atrevan otros,
acabe la pretensión
de aqueste, y a cuatro potros
le ligad.
Teodosio	Sucesos son
y admiración de soldados;
pero los cielos pretenden
que mueran despedazados
hijos que la madre ofenden,
soberbios y mal criados.
Focas	Pues que el Imperio procura,
désele esta muerte dura,
que estando así dividido
vendrá a ser su sepultura.
Mauricio	Hijo, si mueres, advierte
que a Dios lágrimas le des;
que quien muere de esta suerte,
cisne de esta margen es,
que da música a la muerte.
Teodosio	Si sus obsequias cantando
muere el cisne, yo hombre soy,
que nace y muere llorando.

(Llévanle al Príncipe.)

Focas	Mi tapete has de ser hoy,
porque quiero pisar blando.
No quiero alfombra ninguna,

                que en tu vejez importuna
                quiero que estriben mis pies
                en señal de que ésta es
                la rueda de la Fortuna.

Mauricio   Soberbio en tu trono estuve
                y Dios, que es investigable,
                hoy me derriba y te sube,
                antídoto saludable
                de la soberbia que tuve.
                  Un soberbio emperador
                tenga la pena y molestia
                de Nabucodonosor;
                que es bien que padezca bestia
                el hombre que es pecador.

(Échase a los pies de Focas.)

Focas   Si un Alejandro esculpido
                el mundo en el pie ha tenido,
                a ser más eterno vengo;
                que el mundo en las manos tengo
                y a los pies quien le ha regido.
                  ¡Oh, tragedia nunca oída!
                ¡Fortuna desconocida!
                ¡Confusión de Babilonia!
                Basta ya esta ceremonia.
                Quitadle la vieja vida.
                  Atravesadle en el pecho
                ésta.

(Dale la espada.)

Mauricio   Labrador bizarro,

       ¿por qué tanto mal me has hecho?
       Pero, como soy de barro,
       fácilmente me has deshecho.
        Con regalos, con terneza,
       tu extraña naturaleza
       traté, bien puedes decillo;
       mas, ¡ay!, que afilé el cuchillo
       para cortar mi cabeza.

Focas   Ten paciencia; Dios lo ordena
       por sus secretos juicios.

Mauricio   Su madre, de gracias llena,
       alcance de él, que mis vicios
       se purguen con esta pena.

(Llévanle.)

Heraclio (Aparte.)   (Su muerte está recelando
       mi triste imaginación;
       los ojos están llorando,
       pulsando está el corazón,
       los brazos están temblando.
        ¿Qué es aquesto? ¿Ajeno mal
       me lastima de esta suerte?
       ¿O es el temor natural
       con que acobarda la muerte
       el ánima racional?)

Soldado II   ¿Cómo lloras tú, criatura?

Heraclio   El no llorar ni gemir,
       mirando una sepultura
       o viendo a un hombre morir,

                        no es valor sino locura.

Focas   Con un aplauso pomposo
                    publicad que soy del suelo
                    Emperador prodigioso,
                    y si espada me da el cielo
                    conviene ser religioso.

(Sacan a Mauricio, atravesado con la espada.)

Soldado II   Ya está el pecho atravesado.

Focas   Muera, solo porque sea
                    hasta en morir desgraciado,
                    y solo su muerte vea
                    ese villano o soldado.

(Vanse y quedan el Emperador Mauricio y Heraclio.)

Mauricio   Gracias a Dios podré dar,
                    pues debiéndole esta muerte,
                    hoy la ha venido a cobrar
                    porque no hay dolor más fuerte
                    que es deber y no pagar.
                      Vida a censo le he pedido,
                    porque más que pobre he sido;
                    mas, pues eres liberal
                    y te pago el principal,
                    hazme suelta en lo corrido.
                      Y si quieres ser pagado
                    por entero, dame luz
                    para buscarlo prestado
                    en el banco de la cruz
                    donde estoy acreditado.

Heraclio	Viendo su sangre vertida, y con lastimosas penas, la que a mi cuerpo da vida siento alteradas las venas, aunque no soy su homicida.
Mauricio	¿Qué es aquesto, muerte airada, que siendo tú tan impía, asombras imaginada y con verte cada día te tenemos olvidada? Eres cierta, eres dudosa, soberbia, fuerte animosa, al mismo Dios atrevida, y el que viviendo lo olvida, te halla más peligrosa.
Heraclio	Señor, a vuestra flaqueza sirva de ánimo mi pecho, de consuelo mi tristeza, mis brazos sirvan de lecho, de almohada mi cabeza. En tal ansia y agonía tened en mí compañía; no muráis solo, señor, que es la desdicha mayor que Dios en la muerte envía.
Mauricio	Yo quisiera agradecerte este favor que me has dado. ¿Quién eres, que en solo verte, parece que me has dorado la píldora de la muerte.

	Compadécete de mí,
	que soy viejo y mozo fui,
	y una residencia espero;
	que he sido Rey, aunque muero
	tan pobre como nací.
	¿Quién eres?

Heraclio   Soy un villano
labrador.

Mauricio   Cualquier cristiano
un labrador de Dios es,
y las otras son las mies,
una es paja y otra es grano.
    ¿Cuál tendré de aquestas dos?
Paja podrá decir Roma.

Heraclio   También tendréis grano vos,
en que pique la paloma
del espíritu de Dios.

Mauricio   Dime ya tu nombre, hermano.

Heraclio   Heraclio.

Mauricio   ¿Quién te crió?

Heraclio   El famoso Heracliano.

Mauricio   ¡Válgame Dios! ¿Quién te dio
la sortija de esta mano?

Heraclio   La Emperatriz, mi señora.

Mauricio	Calla, Heraclio, calla agora; en el alma me ha desmayado este gusto demasiado.

(Desmáyase.)

Heraclio	¡Qué tiernamente que llora! Y por más me lastimar quedó del hablar ya falto.

Mauricio	Viendo la muerte tardar,
	ha llamado al sobresalto
	para acabar de matar.
	  ¿Qué dices, Heraclio? Calla,
	porque breve vida siento.
	La muerte quiere quitalla,
	y la defiende el contento,
	y están los dos en batalla.
	  ¿Tú eres Heraclio?

Heraclio	Yo soy.
Mauricio	¡Que así a conocerte vengo, mi Heraclio! Muy pobre estoy; una hora de vida tengo, en albricias te la doy. Ya he de morir, no me aflijo. Abrázame.
Heraclio	¡Qué afición!
Mauricio	Tú sin duda eres mi hijo, que lo dice el corazón con último regocijo.

             Como en mi pecho te pones
             y junto los corazones,
             de sentir sus movimientos
             conozco tus pensamientos
             y sé tus inclinaciones.
                ¿No sientes que eres mi hijo?

Heraclio   Muéstraslo, a mi parecer,
             en morir con regocijo,
             y yo lo doy a entender
             en lo mucho que me aflijo.

Mauricio   ¿Tu sangre, Heraclio, no siente
             la alteración de mi pecho,
             siendo tu imagen presente?
             Dame ya un abrazo estrecho
             para morir dulcemente.
                La muerte me martiriza,
             que en desdicha fénix soy,
             y en ti mi fe se eterniza
             porque has venido a ser hoy
             gusano de mi ceniza.
                Por librarte y defenderte,
             entre montes te han criado;
             vive encubierto y advierte
             que aborrezcas el pecado,
             que fue causa de mi muerte.
                Si el Imperio pretendieres
             y la púrpura vistieres,
             ampara como cristiano
             al Pontífice romano
             cuando en peligro le vieres,
                que es la llave que abrir sabe
             el arco en que Cristo cabe,

	y así guardarle conviene,
	porque, si guardarnos tiene,
	¿cómo puede abrir la llave?
	Nunca tengas olvidada
	la muerte y eterno abismo,
	pues tu principio no es nada,
	y has de volver a ese mismo
	en el fin de la jornada.
	El mundo es mar que anegando
	anda aquel que a Dios no halla;
	no peques pues, y en pecando,
	la penitencia es la talla
	en que has de salir nadando.
	Toma siempre el buen consejo,
	honra al clérigo y al viejo;
	reparte a pobres tus bienes,
	y por si soberbia tienes,
	pobre y humilde te dejo.
	Infeliz puedes llamarme,
	y en la desdicha imitarme,
	que un mundo te pude dar
	ayer, y hoy has de buscar
	limosna para enterrarme.
Heraclio	Señor, bendición te pido,
	ya que en la voz y en el tacto
	por Jacob me has conocido.
Mauricio	Dios te bendiga.
Heraclio	¡Qué acto
	para un pecho endurecido!
Mauricio	Abrázame ya, que entiendo

　　　　　　　　que con el grave dolor
　　　　　　　　el alma se va saliendo.
　　　　　　　　En vuestras manos, Señor,
　　　　　　　　este espíritu encomiendo.

(Abrázanse y queda muerto el Emperador Mauricio, y tocan dentro flautas o la música que hubiere.)

Heraclio　　　　　　　¡Ay, años bien fenecidos!
　　　　　　　　¡Cuerpo helado y sin sentido!
　　　　　　　　Voces te he de dar; perdona,
　　　　　　　　que pienso, como leona,
　　　　　　　　resucitarte a bramidos.
　　　　　　　　　Dísteme el ser de criatura,
　　　　　　　　y yo quisiera pagarte,
　　　　　　　　mas tal es mi desventura
　　　　　　　　que lo más que puedo darte
　　　　　　　　es la pobre sepultura.

(Vase, llevando el cuerpo. Salen Mitilene y Heracliano.)

Heracliano　　　　　　¡Gran mal!

Mitilene　　　　　　　　¿Si es nueva dudosa?

Heracliano　　　　　La fama de nuevas malas
　　　　　　　　tiene ligeras las alas
　　　　　　　　y es la del bien perezosa.

Mitilene　　　　　　　Llegaremos a los muros.

Heracliano　　　　　Como padre y como viejo,
　　　　　　　　ni lo mando ni lo aconsejo,
　　　　　　　　que no estaremos seguros.

(Salen Filipo, la Emperatriz Aureliana y la Infanta Teodolinda.)

Filipo ¿Vienes cansada?

Teodolinda De suerte
que me ha faltado el aliento.

Aureliana Y yo mil desmayos siento.

Filipo ¿Son de hambre?

Aureliana Son de muerte.

Teodolinda Filipo, ¿dónde nos llevas?
Que pasar de aquí es gran yerro.

Filipo En la falda de este cerro
hay, señora, algunas cuevas.
En ella podéis estar
recatadas y escondidas,
para conservar las vidas
que el mundo os quiere quitar.

Heracliano ¡Oh, mi señora!

Teodolinda (Aparte.) (Los cielos
a Mitilene han traído
porque matarme han querido
con hambre, temor y celos.)

Heracliano ¿Adónde vas?

Aureliana Voy temiendo

	el ejército alterado. ¿Y mi Heraclio?
Heracliano	A ser soldado se me ha venido huyendo; que sigue su inclinación.
Mitilene	Dame tus manos.
Aureliana	Los brazos te he de dar.
Mitilene	Serán los lazos de mi amorosa prisión. Bien os podéis esconder de una escuadra desmandada.
Aureliana	Filipo, voy desmayada.
Filipo	Yo buscaré de comer.

(*Vanse todos menos Filipo.*)

    No sé si acertado sea
ir por ello a la ciudad.
No, porque es temeridad;
mejor será a alguna aldea.
    Pero, ¿cómo, si he quedado
sin dinero ni vestidos,
que todo lo he repartido
en el motín? Cielo airado,
    ¿qué mudanza es la que miro?
¿En una hora tanto mal?
¡Ya Alejandro liberal,

                            ya más pobre que [Piro].

(Salen Leoncio y dos soldados.)

Leoncio   Que me aflige el alma, os digo,
                            y no es de hombre el corazón
                            que no tiene compasión
                            viendo muerto a su enemigo.

Filipo (Aparte.)   ([Viene Leoncio, mi amigo],
                            bastón trae de General.
                            No dudo que en el real
                            sus cargos antiguos tiene.
                            Tal estoy, y a tiempo viene
                            que puede ser liberal;
                               pero mil vueltas ha dado
                            en su estado, y yo no sé
                            si la amistad y la fe
                            se mudan con el estado.
                            Quiero llegar embozado
                            porque el que pide importuna,
                            y no hay miseria ninguna
                            a que ya puede venir,
                            pues la mayor es pedir
                            a rueda de la Fortuna.)

                               Caballero, mi esperanza
                            es teatro en quien le fundo;
                            representé su mudanza
                            yo, el personaje segundo
                            de la comedia Privanza.
                               Luego un capitán triunfando
                            y después un general,
                            venciendo y desbaratando,

y ya estoy representando
un pobre a lo natural.
 Fui leal porque serví;
vencí por llegar a tiempo
y triunfé porque vencí,
y en un minuto de tiempo
muy rico y pobre me vi.
 Representé un vencedor
en la primera jornada,
[luego me vi con honor],
y aquésta, que es la postrera,
representé lo peor.
 Si muero de esta caída,
será mi vida tragedia
en desgracia fenecida.
Quiera Dios hacer comedia
del discurso de mi vida.
 Hoy tengo a quien sustentar;
aunque es justo el recibir,
tanto en el dar suelo hallar,
que, con ser muerte el pedir,
vengo a pedir para dar.
 Dio siempre y jamás pidió
la familia que alimento,
y así soy cigüeña yo,
que quiero darle sustento
al mismo que me le dio.
 Y si es pedir un estrecho
que la sangre hace sudar,
un pelícano me ha hecho,
pues que quiero alimentar
con la sangre de mi pecho.
 Solo el mundo es un tablero
en que no hay persona alguna

      que no juegue y sea tercero,
      el naipe, que es la Fortuna,
      me dijo muy bien primero.
       Pude al principio ganar;
      no me quise levantar.
      Perdí todo el resto junto
      y estoy esperando punto
      para poderme esquitar.

Leoncio   Mucho tu desdicha siento,
      que en el teatro violento
      de este mundo y sus locuras,
      hice tus mismas figuras
      y yo también represento.
       Jugué, ganaba, perdí;
      otro mi resto ganó,
      mas barato le pedí.
      Y así, con lo que me dio
      al juego otra vez volví.
       Suertes he empezado a hacer
      aunque, temiendo perder
      el naipe de la Fortuna,
      no quise parar a una
      que emperador pude ser.
       Quíseme al fin levantar
      y de barato he de dar
      lo mismo que recibí
      cuando otra vez lo pedí
      para volverme a jugar.
       Yo recibí buena obra,
      y Dios me la dio en empeño;
      pagar quiero, tú la cobra,
      porque el hombre pobre es dueño
      de lo que al rico le sobra.

(Dale un bolsillo.) Aunque nos parecen dadas
 las limosnas, son prestadas;
 como arcaduces vivimos
 que damos y recibimos,
 y andan las suertes trocadas.
(Aparte.)   (Este tiene calidad,
 y a Filipo me parece;
 saber tengo si es verdad,
 que una industria se me ofrece
 para probar su lealtad.)

(Vase Leoncio.)

Filipo Las prendas mismas me ha dado
 que en las montañas di yo;
 él fue sin duda el soldado
 que limosna me pidió,
 o mejor diré, prestado.
   En todo lo he de imitar,
 en el dar y en el recibir,
 en el subir y bajar;
 él me ha enseñado a pedir,
 yo le he enseñado a dar.

(Salen Heraclio, la Emperatriz Aureliana, la Infanta Teodolinda y Mitilene.)

Aureliana Llamar quiero a Heracliano,
 que vaya a comprar comida.

Heracliano Mejor estás escondida;
 no salgas, que es muy temprano.

Filipo ¡Ah, señora! ¿Dónde vais?
 ¿No advertís que no es cordura

| | siendo secreta y segura
esta cueva donde estáis? |

Mitilene   Viéndola en tantos temores
             de su lado no me aparto.

Aureliana   Soy como mujer de parto,
             que me inquietan los dolores.

Teodolinda   Yo consuelo sus enojos
             llorando; que al alma vuelvo
             la razón y la resuelvo
             en lágrimas de mis ojos.

(Salen Leoncio y dos soldados con alabardas.)

Leoncio   ¿Venís ya bien advertidos?

Soldado I   Sí, señor.

Leoncio   Yo he de esperar
             y el suceso he de mirar
             entre estos sauces crecidos.

(Escóndese Leoncio.)

Soldado II   Filipo, el Emperador
             tu vida y honra perdona,
             y has de elegir la persona
             que quisieres.

Heracliano   Gran error
             fue salirnos de las cuevas.

Soldado II	Escoge, pues, si ha de ser
vida de alguna mujer
de ésas que contigo llevas.
Filipo	Y cuando yo haya elegido,
¿has de morir las demás?
Soldado II	Sin cabezas las verás.
Filipo	¡Oh, qué riguroso ha sido!
Pero de esta vez intento
defenderlas con mi muerte.
Soldado II	No es posible defenderte.
Somos muchos, somos ciento.
Mira la que has de elegir;
que ésta es rueda de la Fortuna.
Filipo	¿Que ha de vivir sola una
y las dos han de morir?
Confuso el alma me tiene,
que la una es mi señora,
otra me estima y adora,
y yo adoro a Mitilene.
¡Oh, qué extraña confusión!
¿Cuál de ellas he de elegir?
Mejor me será morir
que llegar a esta ocasión.
Mitilene	Filipo, ¿qué te suspendes?
Pues que las armas tenemos
lo que quieres haremos.
Filipo	No es cierto lo que pretendes.

　　　　　　　　　La obligación natural
　　　　　　　　por la Emperatriz alega,
　　　　　　　　por Mitilene me ruega
　　　　　　　　el amor, que es liberal;
　　　　　　　　　humano agradecimiento
　　　　　　　　defender quiere a la Infanta,
　　　　　　　　que nunca de mí se levanta
　　　　　　　　los ojos del pensamiento.
　　　　　　　　　Aquí mis ojos están
　　　　　　　　como inciertos peregrinos
　　　　　　　　que han hallado tres caminos
　　　　　　　　sin saber adónde van.
　　　　　　　　　De mi confusión me admiro.
　　　　　　　　¿Qué he da hacer? Dios me resuelva:
　　　　　　　　no sé a qué parte me vuelva,
　　　　　　　　cuando a todas tres las miro.

Teodolinda　　　　　Si en el alma que te adora
　　　　　　　　hay fuerza alguna que cuadre,
　　　　　　　　Filipo, yo tengo madre,
　　　　　　　　y advierte que es tu señora.
　　　　　　　　　La Emperatriz tenga vida,
　　　　　　　　y tú, que en su amparo vienes,
　　　　　　　　has de elegirla si tienes
　　　　　　　　honra y alma agradecida.
　　　　　　　　　Muera yo y mi madre viva;
　　　　　　　　¿qué dudas en la elección?
　　　　　　　　Si no es que alguna afición
　　　　　　　　del ser racional te priva.

Filipo　　　　　　Dices, señora, verdad.
　　　　　　　　Su vida libre ha de ser.
　　　　　　　　Viva, porque ha de vencer
　　　　　　　　a la afición la lealtad.

| | Mas, ¿podré librar a dos |
| | aunque yo venga a morir? |

Soldado II   Dos vidas has de elegir.
              Haz tu gusto.

Filipo   ¡Santo Dios!
              Otra confusión me viene,
              que a la razón tiene presa;
              yo no quiero a la Princesa
              porque quiero a Mitilene.
                Si la Princesa me adora,
              Mitilene me aborrece.
              ¿Cuál vida de éstas merece
              que muera por ella agora?
                De ambas estoy obligado
              sin inclinarme a ninguna,
              agradecido con una,
              y con otra enamorado.
                ¡Y qué dudosa carrera!
              ¡Qué confuso mar inquieto
              donde el hombre más discreto
              casi anegado se viera!
                Los ojos y corazón
              Mitilene me arrebata;
              hallo luego el alma ingrata
              y me llama a la razón.
                Yo me voy determinado,
              y por solo agradecer,
              he de morir y perder
              a la que estoy adorando.
                Ya, Mitilene gallarda,
              me resuelvo en lo mejor;
              y aunque me anima el amor

	la ingratitud me acobarda.
Viva la Infanta y perdona,
que contigo he de morir.
Mitilene	Has acertado a elegir
como noble.

(Sale Leoncio.)

| Leoncio | Una corona
merecerá tu lealtad,
y la vida que yo tengo
es de todos, y así vengo
humilde a Tu Majestad.
  Mauricio es muerto, mas tanto
su muerte se ha de estimar,
que se puede celebrar
pues que murió siendo santo.
  Tras la noche del morir
salió el alma con el alba,
rióse el cielo, y con salva
Dios le salió a recibir.
  Mártir ha sido, y prometo
que en mí no ha caído culpa;
que el ejército disculpa
mi buen celos. |
| Aureliana | ¿Que en efeto
el Emperador murió?
¡Ay, extraña desventura!
¿Cómo podré estar segura? |
| Leoncio | Sí, podrás, viviendo yo.
  Moriré en vuestra defensa. |

Aureliana   Mis prodigios se cumplieron;
secretos misterios fueron
de la majestad inmensa.

(Sale Cósroes, caballero.)

Cósroes   Soldados y capitanes
del ejército romano,
los que sujetáis al mundo
desde el Antártico al Austro;
los que bárbaras naciones
estáis siempre conquistando,
egipcios, tártaros, medos,
calibes y garamantos,
y otros godos, indios negros,
alarbes, persas y partos,
masejetes y argatisos,
escitas, armenios y francos;
los que tenéis todo el orbe
lleno de vuestros soldados,
de los campos averinos
hasta los Elíseos Campos;
pues sois señores del mundo,
eligiendo con aplauso
Emperadores de Oriente
y del Occidente echarlos,
escuchadme: yo soy persa,
y vengo desafiando
a Leoncio, General.
Del ejército gallardo
de Persia vino vencido,
que la fuerza de mis brazos
no pudieron resistir

el poderoso contrario.
Robónos el Sol hermoso
del ejército persiano,
que el Príncipe de aquel reino
Aquiles fue de sus rayos.
La gallarda Mitilene
a los persas ha faltado,
y a la pérdida no iguala
la victoria que alcanzaron.
Restitúyanos la dama
que ya el orbe ha eternizado,
o yo quiero conquistarla
cuerpo a cuerpo. ¡Salga al campo!
Si no acepta el desafío,
toma el rescate, que traigo
valor y precio por ella,
que un reino no vale tanto:
doce caballos famosos
que en Libia los engendraron
en doce tártaras yeguas
los vientos desenfrenados;
bozales de plata y oro
mas no jaeces bordados
que en sus espaldas desnudas
suben los persas bizarros;
diez mil romanos cautivos,
que cuando fue desdichado
perdió su adversa Fortuna
aunque su valor mostraron;
traigo púrpura de Tiro,
telas de Persia y Damasco,
y vuestros césares muertos
traigo vivos de alabastro;
entrégueme la cautiva

	que Sol en Persia llamamos;
	reciba el rico rescate
	o salga desafiado.

Mitilene	Déjame a mí responder.
	Oye, persa temerario,
	que al General desafías,
	siendo un cruel Estebano;
	si a Mitilene ha traído,
	vencióla como soldado,
	y como noble le hizo
	que no recibiese agravio;
	si Persia tanto la estima,
	estimada está aquí en tanto
	que es miserable el rescate
	que prodigio estás llamando.
	No se acepta el desafío
	porque el General romano,
	si no es con príncipe o Rey,
	no puede salir al campo.

Cósroes	Pues yo, que le desafío,
	bien puedo desafiarlo,
	que soy el Príncipe persa.

Mitilene	¡Gran señor, querido hermano!
	El alma triste me alegras,
	y ya te esperan mis brazos.

| Cósroes | ¡Oh, famosa Mitilene! |
| | Voy a dejar el caballo. |

(Vase. Salen los Capitanes tras Heraclio.)

Capitán II	Muera, muera capitanes
el atrevido villano
que a Focas ha dado muerte,
y ya le lleva arrastrando.
Capitán I	Si se esconde en esos montes,
se ha de librar y es gallardo.
que el ánimo y el temor
son alas y vuelan tanto.

(Súbese Heraclio a un montecillo.)

Leoncio	¿Qué es esto que pretendéis?
Capitán II	Dar a un mozo temerario
mil muertes.
Leoncio	¿Qué ha cometido?
Capitán II	Un delito extraordinario.
En el palacio imperial
pudo entrar y con un lazo
puesto en el cuello de Focas,
salió del mismo palacio;
muerte le dio y su fortuna
lugar y ocasión le ha dado
para escaparse ligero
del rigor de nuestras manos.
Heraclio	Soldados y capitanes,
que el orbe habéis conquistado,
¿no es deshonra que os gobierne
un hombre desesperado,
un bárbaro en las costumbres,

        monstruo en las obras y trato
        enemigo riguroso
        de nuestro linaje humano?
        Que le di muerte confieso,
        porque en ella he vengado
        la de Mauricio mi padre.
        Su hijo soy, no os dé espanto;
        hasta aquí viví encubierto
        en casa de Heracliano.
        La madre tenéis presente
        de este corazón hidalgo;
        por propia naturaleza
        al Imperio soy llamado.
        Vida quiero, no el Imperio,
        que es miserable teatro.

Heracliano   Ejército valeroso,
        la verdad os dice Heraclio.
        La Emperatriz, mi señora,
        le ha tendido disfrazado
        temiendo de la Fortuna
        aquestos sucesos varios
        que en su infeliz nacimiento
        los cielos pronosticaron.
        Verdadero César nuestro
        es, sin duda, y está claro
        que la sangre generosa
        venga al padre desdichado.

(Híncase de rodillas al ejército la Emperatriz Aureliana y la Infanta Teodolinda.)

Aureliana   Si con los hombres piadosos
        pueden las mujeres algo,
        y las lágrimas enternecen

	los corazones de mármol,
	una huérfana y viuda
	agora os piden llorando
	piedad y vida de un hijo
	y de un infeliz hermano.
	A mi esposo me quitasteis,
	y ya el cielo está pisando,
	pues que pagó con su muerte
	sus descuidos y pecados.
	Ejército riguroso,
	capitanes y soldados,
	sargentos y centuriones,
	General, Maestro de campo,
	Heraclio es mi propio hijo.
	Sed clementes, sed humanos.

Leoncio   Entre el aire suenan voces.

(Dentro.)

Voces   ¡Viva Heraclio! ¡Viva Heraclio!

Leoncio   Si ya su nombre celebran
                       con voces los cielos santos,
                       Heraclio es Emperador.

Capitán I   ¡Viva Heraclio!

Capitán II   ¡Viva Heraclio!

(Desciende Heraclio del monte al tablado.)

Leoncio   [El reino fue, que de Focas]
                       estaba pronosticado.

	Rija Heraclio nuestro Imperio.
	¡Viva Heraclio!
Todos	¡Viva Heraclio!

(Corónanle. Sale Cósroes.)

Cósroes	Mi gallarda Mitilene,
	¿dónde estás? Dame tus brazos.
Mitilene	Estoy, Príncipe famoso,
	tu venida deseando.
Cósroes	¿Quién es el Emperador?
Mitilene	El que agora han coronado.
Cósroes	Dale al Príncipe de Persia
	las manos.
Heraclio	¡Felice caso!
	Los brazos tengo de darte
	y a Mitilene la mano
	de esposo.
Leoncio	No puede ser,
	porque la suya me ha dado.
Mitilene	Leoncio, ¿qué estás diciendo?
Leoncio	Con esta sortija hablo.
	Por ella me prometiste,
	entre esos altos peñascos,
	cuando una vez te di vida,

	Que pidiese ya ha llegado
el tiempo a la condición;
que no pierdes y yo gano.
Mitilene	¿Tú fuiste? ¡Válgame el cielo!
Obligada estoy y callo;
digo que sí.
Leoncio	Pues agora,
serás esposa de Heraclio;
vencerme quiero a mí mismo.
El es señor, yo criado,
y él merece solamente
ser tu esposo.
Aureliana	¡Leal vasallo!
Filipo, dale a la Infanta
la mano, pues has ganado
la honra que es de gozar.
Filipo	Dasme honor.
Teodolinda	Vivas mil años.
Y la historia prodigiosa
aquí tiene fin, senado,
pero no la rueda de la Fortuna,
porque siempre está rodando.

Fin de la comedia

Libros a la carta

A la carta es un servicio especializado para
empresas,
librerías,
bibliotecas,
editoriales
y centros de enseñanza;
y permite confeccionar libros que, por su formato y concepción, sirven a los propósitos más específicos de estas instituciones.

Las empresas nos encargan ediciones personalizadas para marketing editorial o para regalos institucionales. Y los interesados solicitan, a título personal, ediciones antiguas, o no disponibles en el mercado; y las acompañan con notas y comentarios críticos.

Las ediciones tienen como apoyo un libro de estilo con todo tipo de referencias sobre los criterios de tratamiento tipográfico aplicados a nuestros libros que puede ser consultado en Linkgua-ediciones.com.

Linkgua edita por encargo diferentes versiones de una misma obra con distintos tratamientos ortotipográficos (actualizaciones de carácter divulgativo de un clásico, o versiones estrictamente fieles a la edición original de referencia). Este servicio de ediciones a la carta le permitirá, si usted se dedica a la enseñanza, tener una forma de hacer pública su interpretación de un texto y, sobre una versión digitalizada «base», usted podrá introducir interpretaciones del texto fuente. Es un tópico que los profesores denuncien en clase los desmanes de una edición, o vayan comentando errores de interpretación de un texto y esta es una solución útil a esa necesidad del mundo académico.

Asimismo publicamos de manera sistemática, en un mismo catálogo, tesis doctorales y actas de congresos académicos, que son distribuidas a través de nuestra Web.

El servicio de «libros a la carta» funciona de dos formas.

1. Tenemos un fondo de libros digitalizados que usted puede personalizar en tiradas de al menos cinco ejemplares. Estas personalizaciones pueden ser de todo tipo: añadir notas de clase para uso de un grupo de estudiantes, introducir logos corporativos para uso con fines de marketing empresarial, etc. etc.

2. Buscamos libros descatalogados de otras editoriales y los reeditamos en tiradas cortas a petición de un cliente.

www.ingramcontent.com/pod-product-compliance
Lightning Source LLC
LaVergne TN
LVHW041336080426
835512LV00006B/488